OBERBAYERN

aktiv sein und schlemmen BAND 1

mit Tourentipps für das ganze Jahr

Katrin Susanne Baur und Michael Reimer

frischluft EDITION

I'M
YOU!

Es ist wieder soweit: Nach gründlicher Aktualisierung geht unser Freizeitführer aktiv sein und schlemmen in die vierte Auflage. In jeder Altersgruppe gibt es offenbar viele Genießer, die ihren Ausflug gerne mit Bewegung an frischer Luft kombinieren. Im Sommer schwingt man sich auf sein Rad, schnürt die Wanderstiefel und sucht bei Gelegenheit Abkühlung im einladenden See; im Winter ist Ski-Langlauf, Rodeln, Skifahren und Wandern angesagt. Und ganz wichtig: Stets rundet eine exklusive Einkehr unmittelbar im Zielgebiet den Ausflug ab. Zur Auswahl stehen urige Hütten, Bauernhöfe, Restaurants, Gasthäuser und Gourmetlokale.

Apropos Hütten: Da es inzwischen drei unterschiedliche Bände von aktiv sein und schlemmen gibt, werden die einzelnen Ausgaben einer kleinen Reform unterzogen. In diesem Band etwa sind nun schon 16 statt neun Hütten und Almen vertreten. Band 2 wird für Flexitarier neu aufgelegt und Band 3 hat den Kulturspaziergang als roten Leitfaden. Somit kommt es innerhalb der Reihe zu leichten Verschiebungen: Neben fünf Neuzugängen sind auch fünf Ausflugtipps vom „blauen Band“ in Band 1 übernommen worden.

Die Sehnsucht nach gesunden Lebensmitteln bestärkt uns in unserem Konzept, auf jene Gastronomen zu setzen, bei denen die Herkunft der Ware nachvollziehbar ist. Die meisten unserer Wirte beziehen ihre Kochzutaten ausschließlich von regionalen Bauern, Jägern und Fischern und bürgen somit für Frische und Qualität der Speisen. Doch auch die Wohlfühlatmosphäre ist uns wichtig: Der Gast soll nicht nur schmecken, dass die Speisen frisch und gekonnt zubereitet sind, sondern auch spüren, dass er willkommen ist. Und er soll mit der Gewissheit nach Hause gehen, dass das Preis-Leistungsverhältnis stimmt.

Natürlich bleibt eine Auswahl und Klassifizierung von Touren und Einkehren immer subjektiv. Köche und Service wechseln von Zeit zu Zeit, die Tagesform kann schwanken. Doch obwohl wir keine Gourmettester sind – ob ein Essen frisch zubereitet ist oder aus der Dose kommt, wissen wir sehr wohl einzuschätzen. Immerhin haben wir jede Lokalität eigens getestet und uns ausführlich mit der Chefin oder dem Chef des Hauses unterhalten. Aus diesen Gesprächen schöpfen wir Hintergrundwissen, von dem Sie als Leser bei Ihren Ausflügen profitieren können.

Erholsame (Schlemmer-)Tage in Oberbayern wünschen

Katrin Susanne Baur und Michael Reimer

Im Wandel der Jahrezeiten: Obstblüte am Taubenberg, Sommergefühle bei zwei Freundinnen, Laubfärbung an der Kastanie, Winterwanderung am Pendling

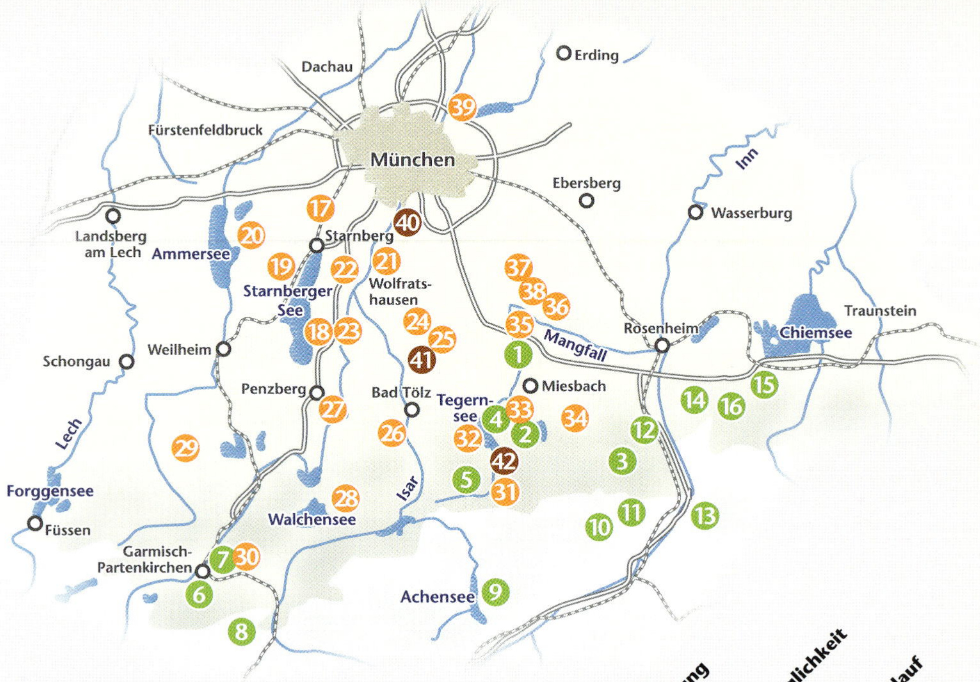

München-Umland mit Fünfseenland

Nr.	Ort	Gasthaus	Wanderung	Radtour	Bademöglichkeit	Rodeln	Ski-Langlauf	Ski alpin	Ideal mit Kindern	Seite
17	**Gauting**	Forsthaus Kasten		●					●	64
18	**Ambach**	Landhotel Huber am See		●	●				●	68
19	**Pöcking**	Maisinger Seehof	●		●				●	72
20	**Frieding**	Der Obere Wirt zum Queri	●		●				●	75
39	**Ismaning**	Gasthof zur Mühle	●	●	●				●	138
40	**Straßlach**	Restaurant L'Estragon		●	●				●	144

Werdenfelser Land

Nr.	Ort	Gasthaus	Wanderung	Radtour	Bademöglichkeit	Rodeln	Ski-Langlauf	Ski alpin	Ideal mit Kindern	Seite
6	**Garmisch-Partenkirchen**	Kreuzalm	●					●	●	25
7	**Garmisch-Partenkirchen**	Alpengasthof Gschwandtnerbauer	●			●			●	28
29	**Altenau**	Forsthaus Unternogg		●	●		●			104
30	**Klais**	Gasthof-Café Sonnenhof	●		●		●			107

Tölzer Land

Nr.	Ort	Gasthaus	Wanderung	Radtour	Bademöglichkeit	Rodeln	Ski-Langlauf	Ski alpin	Ideal mit Kindern	Seite
21	**Egling**	Gasthaus zum Bruckenfischer	●		●				●	78
22	**Irschenhausen**	Landgasthof Rittergütl		●	●		●		●	81
23	**Eurasburg**	Sprengenöder Alm	●			●		●	●	84
24	**Dietramszell**	Klosterschänke		●	●		●			87
25	**Kirchbichl**	Gasthaus Jägerwirt		●	●					90
26	**Lenggries**	Die Schweizer Wirtin	●					●		93
27	**Penzberg**	Gasthaus Schönmühl	●	●	●				●	96
28	**Jachenau**	Schützenhaus	●	●	●		●		●	100
41	**Hechenberg**	Moarwirt		●	●					148

■ Hütten, Almen und Berggasthöfe ■ Gasthäuser und Restaurants ■ Gourmetlokale

Hütten, Almen & Berggasthöfe

Weitläufiges Gelände an der Maisalm

Aktivität: Wanderung, Radtour | Gastronomie: teilweise Biokost

Glückliche Tiere, glückliche Kinder

Wanderung von Oberwarngau zum Taubenberg

Viele Ausflügler würdigen den Taubenberg auf dem Weg zum Tegernsee keines Blickes. Ziemlich fahrlässig. Denn in Nähe des zugegeben unscheinbaren Gipfels verbirgt sich nicht nur das üppigste Trinkwasserreservat Münchens, sondern mit dem Berggasthaus Taubenberg auch eine überraschend gute Einkehr.

Von Oberwarngau zum Taubenberg

Möglichkeiten, dieses schöne Fleckchen Erde zu erreichen, gibt es viele, unter anderem kann man mit dem Auto auf dem Fahrweg bis nach oben fahren. Lohnend ist aber auch der Aufstieg von Oberwarngau. Vom kleinen Parkplatz wandert man ein kleines Stück zurück Richtung Ort und biegt dann rechts in die Straße Am Bergfeld ein. Dann geht es am Friedhof vorbei auf beschilderter Route durch schönen Wald zur Wallfahrtskapelle Nüchternbrunn, ein reizvoller Ort zum Verweilen. Jenseits der Kapelle wandert man an den sieben Wassern im Farnbachtal vorbei durch die sogenannten Saugräben und erreicht nach

Frühlingserwachen im Farnbachtal

Aktivität	Wanderung
Gehzeit	2 ½ Std.
Höhenmeter	300
Strecke	6 km

Route Oberwarngau → Wallfahrtskapelle Nüchternbrunn → Berggasthaus Taubenberg → Taubenberg → Oberwarngau

Anfahrt

ÖVM Bayerische Oberlandbahn (BOB) nach Oberwarngau

Auto A 8 München Ausfahrt Holzkirchen, B 318 Richtung Tegernsee bis Oberwarngau, im Ortszentrum links in die Lindenstraße bis zum kleinen Parkplatz an der Bachbrücke.

Navigation N 47.829694°, E 11.725395°

Charakter Einfache Wanderung auf breiten Wegen vorwiegend durch Wald. Schlüssel für die Turmbesteigung gegen Pfand beim Berggasthof

Wegweiser Der Taubenberg und die Wallfahrtskapelle sind gut beschildert.

Tipp mit Kids Mit Kleinkindern Anfahrt bis zum Berggasthof und am Taubenberg eine kleine Runde drehen

Rad-Tipp Mit dem Fahrrad auf dem München-Wasserradweg durch das Mangfalltal über Gotzing oder von Holzkirchen über Osterwarngau bzw. Reitham (Forstwege)

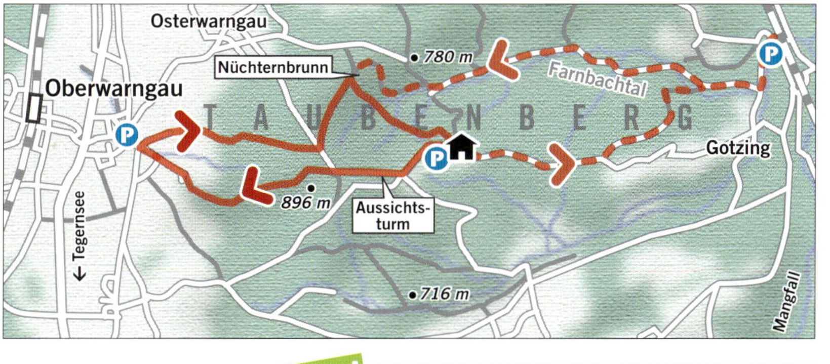

Tipp! Reizvolle Wander-Variante

Ein sehr schöner Wanderweg führt auch vom Mangfalltal durch das malerische Farnbachtal über die Wallfahrtskapelle Nüchternbrunn zum Berggasthaus Taubenberg. Von der Einkehr folgt man zunächst dem Fahrweg in Richtung Gotzing. Nach der Marolder Kapelle zweigt man links in Richtung Badererhof ab und folgt am Hof vorbei dem Abstieg (an zwei Weggabelungen rechts und scharf links halten!) zur Imbergbrücke im Farnbachtal. Hier treffen wir wieder auf die Aufstiegsroute (Gesamtroute 11 km).

Die Wallfahrskapelle Nüchternbrunn liegt idyllisch in einer Waldlichtung.

kurzem Gegenanstieg die sonnigen Hügelkuppen. Von den freien Weiden ist es nur noch ein Katzensprung bis zum Berggasthaus Taubenberg.

Tier- und Spielparadies für Kinder

Eine der zwei Hofkatzen schleicht dem Neuankömmling bald über den Weg. Auch die eifrig pickenden Hennen sind zur warmen Jahreszeit rasch auszumachen. Der Enten- und Gänsepulk begibt sich mit Vorliebe zum Weiher zum Baden. Die Hofschweinderl verschiedenster Rassen quieken im nahen Gehege um die Wette. Milchkälber, Jungrinder und der Ochse laben sich an den frischen Wiesenkräutern. Und die süßen Ponys warten auf Streicheleinheiten von den Kindern.

Kinder gibt es an manchen Tagen noch mehr als Tiere auf dem Hof. Allein die Gastgeber Monika und Hans Maurer haben drei Mädls und einen Buben. Letzterer heißt Ludwig und ist 15 Jahre alt. Zur Schule geht er nicht besonders gerne, warum auch sollte er seine gigantische Spielwiese gegen die lästige Lernerei eintauschen. Irgendetwas Spannenderes als Schule gäbe es für ihn rund um den Hof immer zu entdecken. Und sei es die Bobrinne am Hofhang, die der Papa im Winter von Zeit zu Zeit fräst. Ob ihm die anderen Schulkinder auf Dauer nicht fehlen würden? Blöde Frage angesichts dreier Geschwister und einer Schar voller Gästekinder an den sonnigen Ausflugstagen. Fest steht, dass er sich zum Mechaniker ausbilden lässt.

Hochwertige Bioschmankerl

Wo so viele Kinder im Haus sind, richten die Eltern naturgemäß ihren Alltag nach dem Wohlergehen ihres Nachwuchses. Das „Zwergerlessen“ etwa steht seit 17 Jahren auf der Speisekarte, und das zu erschwinglichen Preisen. Jede Durchschnittsfamilie soll sich das Essen im Berggasthaus leisten können, so die Devise der Familie Maurer. Und das trotz der hochwertigen Qualität, die der Hof seit Jahren anbietet. Das Fleisch wird im Eigenbetrieb nach den strengen EU-Richtlinien der Bioverordnung verarbeitet. Die Limousin-Mutterkuhherde liefert in regelmäßigem Abstand gesunden Nachwuchs an Milchkälbern, Jungrindern und Ochsen. Selbst wenn Kühe und Schweine von Zeit zu Zeit geschlachtet und zu Würsten und Schinken verarbeitet werden, Mitleid ist fehl am Platz: So ein schönes Leben wie am Taubenberg genießen wenige Artgenossen. Dabei ist nicht alles Fleisch, was auf den Tisch kommt.

Auch im Winter darf man die Sau rauslassen …

Ruth und Michi mit viel Schwung beim Wandern nach der Einkehr im Berggasthaus Taubenberg – allerdings kommen sie gerade etwas von unserer Wanderroute ab …

Jede Woche gibt es je nach Jahreszeit ein neues vegetarisches Gericht mit frischem Gemüse und knackigen Salaten der Saison. Und auch die hausgebackenen Obstkuchen und -torten sind vom Feinsten.

Bevor wir dieses kleine Paradies verlassen, sollten wir auf dem Barfußweg oberhalb des Hofes unsere Sinne auf die Probe stellen: Über Gras, Kies, Holzspäne und Waldboden geht es zur kleinen Benno-Kapelle, als Wegweiser dienen die orangenen Füße. Dann folgt man dem Fahrweg zu Taubenberg und Aussichtsturm. Sofern man Zeit und Muße hat, den Schlüssel wieder zum Hof zurückzubringen, kann man den Turm besteigen. Alternativ steigt man auf direktem Weg durch den Wald nach Oberwarngau ab. Romantisch ist die Wanderung auch zur kalten Jahreszeit. Wir waren einst im November bei Mondschein unterwegs, nachdem wir den Aufenthalt im Berggasthaus mit zwei Walnussschnäpsen gekrönt hatten.

Berggasthaus Taubenberg 🏠

Inhaber Monika und Hans Maurer
Küchenchefin Monika Maurer

Adresse Taubenberg 13, 83627 Warngau

Telefon 08020-1705

Mail berggasthaus@taubenberg.de

Web www.taubenberg.de

geöffnet April bis Juli und Sept./Okt. Do.–So./Fei 11–20 Uhr, Febr./März + Nov. Sa./So./Fei 11–19 Uhr, Betriebsurlaub August sowie Dez. + Jan.

Zum Mitnehmen Hausgemachte Wurstwaren und Nudeln aus kontrolliert ökologischer Erzeugung, Walnuss- und Zitronenlikör

Schmankerltipp Gemüsesuppe (3,30 €), Kartoffelauflauf mit Kräuterquark und Salat (9,90 €), Tellerfleisch vom Stier, dazu Kartoffelsalat und Gelberüben-Meerrettichgemüse (12,50 €), hausgemachter Kuchen (2,90 €)

Aktivität: Bergwanderung, Bike & Hike | Gastronomie: Brotzeiten aus eigenen Produkten, feine Kuchen und Torten

Brotzeit mit Wiesenkräutern

Bergwanderung von Neuhaus über die Bodenschneid nach Schliersee

Angelika Prem wirkt heiter und mit sich im Reinen, obwohl ihr die Arbeit eigentlich über den Kopf wachsen müsste. Fünf Kinder zu erziehen und den eigenen Hennererhof mit den Ferienwohnungen zu führen setzt ja einiges an Organisationstalent voraus. Doch dem täglichen Arbeitspensum zum Trotz hat die engagierte Kräuterpädagogin zusammen mit ihrem Mann Hans auch noch ein Café eröffnet. Hauptantrieb für diese zusätzliche Herausforderung ist die Vermarktung eigener Produkte in Zusammenarbeit mit anderen Betrieben. Die herzhafte Wurst etwa stammt von der Metzgerei Kaffl, der Käse vom Obermoser aus Irschenberg und die kulinarischen Schmankerl aus Wildkräutern sind wie das Dinkelbrot gar hausgemacht.

Vom Gipfel der Bodenschneid genießt man den schönen Blick auf den Tegernsee.

Aktivität Bergwanderung
Gehzeit 5 ½ Std.
Höhenmeter 870
Strecke 18 km

Route Neuhaus → Bodenschneid → Tufftal → Bauernhofcafé Hennererhof → Schliersee

Anfahrt

ÖVM Mit der Bayerischen Oberlandbahn (BOB) stündlich von München nach Neuhaus, Rückfahrt mit derselben Linie vom Bahnhof in Schliersee

Auto A 8 Ausfahrt Miesbach und über Schliersee zum Ausgangsort (Parkmöglichkeit am Bahnhof)

Navigation N 47.705834°, E 11.875126° (Neuhaus), N 47.722134°, E 11.830237° (Hennererhof)

Charakter Der Anstieg zum Bodenschneidhaus verläuft überwiegend auf Forst- und Güterwegen, dann geht es auf steinigem Pfad nordseitig zum Gipfel empor; bei Glatteis oder Schnee ist erhöhte Vorsicht geboten. Abstieg über das Tufftal auf schönem Forstweg, zuletzt auf der Teerstraße nach Schliersee.

Wegweiser Aufstieg von Neuhaus sehr gut beschildert, Abstieg nach Schliersee auf Wanderroute W11

Karte Kompass-WK 8, Tegernsee / Schliersee / Wendelstein, 1:50.000

Bike & Hike-Tipp Die Route ist auch als kombinierte Rad- und Wandertour sehr lohnend. Zwischen Neuhaus und Bodenschneidhaus werden lediglich die beiden durch den Wald abkürzenden Wegpassagen umfahren, der Gipfelanstieg erfolgt zu Fuß (Strecke Rad: 19 km; Wanderung 1 ¾ Std.).

Wanderung auf die Bodenschneid

Vom Bahnhof in Fischhausen-Neuhaus führt die Bodenschneidstraße in das Dürnbachtal, in dem man auf dem Forstweg rasch an Höhe gewinnt. Später lichtet sich der Wald und sanfte Almweiden breiten sich aus. Hinter dem Bodenschneidhaus beginnt der Schlussanstieg zum Gipfel der Bodenschneid: Der Steig führt anregend durch Sträucher und kleine Felsstufen im Nordschatten des Berges empor. Oben angekommen, präsentieren sich die Tegernseer und Schlierseer Berge von ihrer schönsten Seite. Das Gipfelkreuz ist auf einem stattlichen Sockel befestigt und ragt somit auffällig in die Höhe.

Der Abstieg erfolgt bis zu jener Stelle, an der der bezeichnete Waldsteig nach Neuhaus abzweigt, auf der Aufstiegsroute. Dann geht es jedoch auf dem Forstweg in nördliche Richtung stets geradeaus. Nach Querung der schönen Krainsberger Alm führt der Weg durch das auch an heißen Tagen angenehm kühle Tufftal; das anfangs trockene Bachbett füllt sich rasch mit Wasser und ist bis zur Mündung in den Breitenbach unser steter Begleiter.

Feines von der Kräuterwiese

Am großen Wanderparkplatz hält man sich hinter der Bachbrücke links und steigt wenige

Durch die Blume: Blick auf das Bodenschneidhaus beim Abstieg von der Bodenschneid

Meter bis zum Hennererhof empor. Hinter dem Haus liegt etwas versteckt die bekieste Gartenterrasse, an die ein Naturkinderspielplatz und ein Hühnerstall angrenzen. Der Garten ist mit den rund zehn Tischen so überschaubar und familiär, dass man erst beim zweiten Hinsehen den Bewirtungsbereich als solchen erkennt. Man spürt auf sympathische Weise, dass die Gastgeber nicht aus dem Gastronomiebereich stammen. Eher wirken sie mit ihrer zuvorkommenden Art wie Freunde oder nette Nachbarn, die man immer wieder gerne besucht.

Die Kuchen- und Tortenauswahl ist zwar überschaubar, dafür aber von bester Qualität: Gebacken wird nach altem Rezept der Urgroßmutter. Alternativ stehen herzhafte Brotzeiten auf der kleinen Speisekarte. Kaminwurzen, Geräuchertes, Presssack und Leberwurst stammen vom Lindener Metzger Bernhard Kaffl. Neben dem Vorteil kurzer Lieferwege bürgt das Konzept der regionalen Vermarktung für hohe Qualität. Das gilt auch für den würzigen Camembert, den die Irschenberger Familie Grundbacher

Hausgemachter Blaubeerkuchen am Hennererhof

produziert und anliefert. Der Gast schmeckt den feinen Unterschied zum weit verbreiteten industriellen Produkt auf Anhieb heraus.

Fein schmecken auch die Wildkräuter und Früchte, die in den umliegenden Wiesen und Wäldern üppig gedeihen. Angelika Prem verarbeitet sie mit viel Sachverstand und Kreativität zu schmackhaften Produkten, die teilweise fantasievolle Namen (z.B. „Hexenzaubertrankal" für Kräuterlikör oder „Herbsternte" für Kartoffelmarmelade) erhalten.

Bauernhofcafé Hennerer

Inhaber Angelika und Hans Prem
Küchenchefin Angelika Prem

Adresse Hennererstr. 36, 83727 Schliersee

Telefon 0 80 26 - 9 22 99 64

Mail info@hennerer.de

Web www.hennerer.de

geöffnet Sa. / So. / Fei 12–20 Uhr, 1. bis 15. Nov. Betriebsurlaub

Übernachtung 2 Ferienwohnungen

Zum Mitnehmen Im eigenen Hofladl gibt es u.a. Kulinarisches aus Wildkräutern, hausgemachte Marmeladen, Liköre, Seifen, Essig, Öle, Duft-Sackerl und Lavendel-Badesalz und Bauernhofeis vom Beindlhof

Schmankerltipp Brotzeit mit hausgemachter Wurst und selbstgemachtem Käse, dazu Dinkelbrot (7 €), saurer Biokäse mit Balsamicodressing, Kräutern und Dinkelbrot (5,80 €), hauseigene Kuchen (2,20–2,70 €)

Tipp! **Was blüht denn da …**

Von Mai bis Oktober bietet Angelika Prem Kräuterführungen (ab 6 Personen 15 € pro Person) und jeden zweiten Dienstag im Monat ihre Kräuterworkshops (29 € pro Person) an.

Aktivität: Ski alpin, Bergwanderung | Gastronomie: bayerische Schmankerl, Räucherspezialitäten, Strudel

Einkehrschwung für Jung und Alt

Ski alpin am Sudelfeld

Ortstermin Sudelfeld an einem Schönwetter-Sonntag im Februar. Schnee liegt in diesem Traumwinter üppig wie selten zuvor, wir wussten also, dass wir nicht alleine auf der Piste unterwegs sein würden. Rund 22.500 Personen können die 21 Skilifte hier pro Stunde befördern, die geschätzten 10.000 geparkten Autos ab Bayrischzell geben uns einen Vorgeschmack auf den Rummel. Während sich Skifahrer und Snowboarder in dem weitläufigen Gelände gut verteilen, herrscht am oberen Sudelfeld rund um die hochgelobte Speck-Alm reger Betrieb.

Snowboarder und Skifahrer können sich selbst bei starkem Andrang am weitläufigen Sudelfeld frei entfalten.

Urige Stimmung in der Speck-Alm

Obwohl sich Wolkenschleier vor die Sonne geschoben haben und Letztere bald hinter dem Kleinen Traithen verschwinden wird, ist die Terrasse bei unserer Ankunft am frühen Nachmittag noch gut gefüllt. In den Almstuben herrscht dichtes Gedränge, freie Plätze sind zwischen den originellen Beichtstühlen kaum auszumachen. Schon gar nicht am Stammtisch, über dem wie in Italien der Speck herunterhängt. Ein Sonderlob gebührt den Bedienungen, die inmitten der Menschentraube stets zuvorkommend und cool bleiben. Gleiches gilt für die Wirtsleute, die diesen Großkampftag mit viel Eifer und der nötigen Gelassenheit bewältigen.

Sepp Ettenhuber hat bis Mittag mit seinem Küchenteam schon je 150 Speck- und Spinatknödel zubereitet. Es versteht sich von selbst, dass die schmackhaften Speckknödel auf der Speck-Alm – ob im Haferl, auf Sauerkraut oder als Speck-Alm-Trio mit Spinat- und Kaspressknödel – in der Gunst der Gäste ganz oben stehen. Der Chef fährt viermal pro Jahr nach Bozen, um sich mit Südtiroler Speck einzudecken. Dieser wird dann in der eigenen Räucherkammer am Berg gedreht und taucht als deftiges Hausgeräuchertes auf der Brotzeitkarte auf. Dazu schmeckt ein frisches Weißbier, das in der Getränke-Hitliste ganz oben steht. Wenn es draußen kalt ist, geht der mit einem „Zauberpulver" zubereitete Kakao besonders gut.

Reichlich Bewegung an der Speck-Alm. Knödel probieren nicht vergessen.

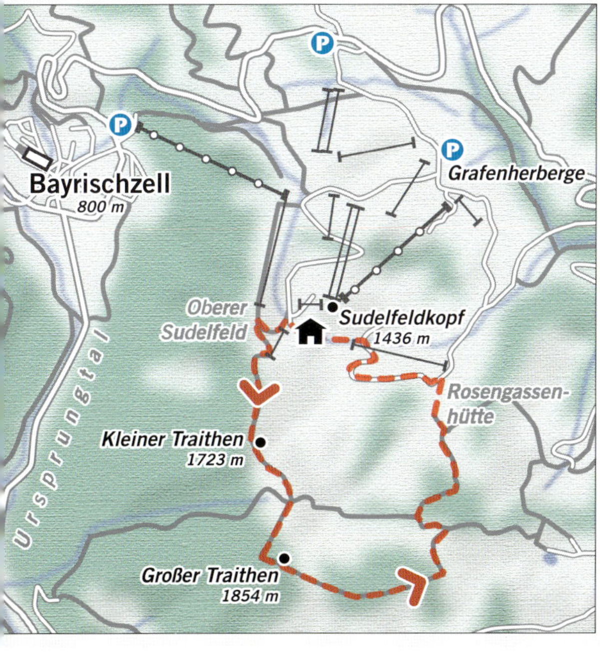

Aktivität	Ski alpin
Höhenlage	800–1563 m
Pistenlänge	31 km
Liftanlage	3 Sessellifte, 16 Schlepper, 2 Babylifte

Anfahrt

ÖVM Die Bayerische Oberlandbahn (BOB) verkehrt stündlich nach Bayrischzell.

Auto Auf der A8 bis zur Ausfahrt Weyarn und auf der B 307 über Schliersee wahlweise nach Bayrischzell oder zu den beschilderten Parkplätzen am Sudelfeld. Im Sommer kann man auch direkt bis zur Alm hochfahren.

Navigation N 47.674693°, E 12.053375° (Grafenherberge)

Charakter Das Skigebiet am Sudelfeld zeichnet sich vor allem durch seine Weitläufigkeit aus, die meisten Pisten sind angenehm breit und allenfalls mittelschwer. Selbst bei starkem Ansturm kann man den Tag hier ohne Stress genießen.

Info www.sudelfeld.de

Wander-Tipp Im Sommer kann man von der Speck-Alm (1408 m) über den Kleinen Traithen (1723 m) in rund eineinhalb Stunden zum Großen Traithen (1854 m) wandern. Rückweg auf demselben Weg oder über das Unterberger Joch und die Rosengassenhütte. Auch der Übergang zum Brünnsteinhaus (1360 m, 2 Std.) ist möglich.

Speck-Alm

Inhaber Petra und Sepp Ettenhuber
Küchenchef Sepp Ettenhuber

Adresse Oberes Sudelfeld 2, 83735 Bayrischzell

Telefon 0 80 23 - 14 42

Mail info@speck-alm.de

Web www.speck-alm.de

geöffnet Dez. bis März täglich 9–18 Uhr, am Skitourenabend (Mi.) –21.30 Uhr, für Übernachtungsgäste Fr. / Sa. –2 Uhr, Mai bis Okt. So.–Do. 9–18 Uhr, Fr. / Sa. 9–1 Uhr

Übernachtung Doppelzimmer und Bettenlager für 60 Personen

Schmankerltipp Bergsteigerbrotzeit mit Speck-Alm Hausgeräuchertes und Bergkäse am Stück, dazu Essiggurke, Butter und Bauernbrot (8,90 €), Speckknödelsuppe im Haferl (3,90 €), Speck-Alm-Trio: Spinat-, Speck- und Kaspressknödel mit Butter und Parmesan (8,90 €), 2 Speckknödel auf Sauerkraut (6,80 €)

Tipp! **Hüttenabend für Pistengeher**

Seit der Wintersaison 2011 / 12 dürfen Skitourengeher mittwochs wahlweise von Bayrischzell oder Grafenherberge entlang der Piste zur Speckalm („Tourengeher-Stammtisch") hochsteigen, die dann bis 21.30 Uhr geöffnet hat. Bis spätestens 22 Uhr muss man aus Sicherheitsgründen jedoch wieder am Ausgangsort sein, da anschließend die Pistenraupen unterwegs sind. Zur Einstimmung kann man sich auf der Hütten-Homepage das Speck-Alm-Lied auf MP3 herunterladen.

Kaspressknödel (für 4 Personen)

Zutaten: 300 g Graukäse zerbröckeln, 4 Eier, 1/8 l Milch, 1 Zwiebel, Knödelbrot von 8 Semmeln, Salz, Muskatnuss, Pfeffer, Butter zum Anbraten, Schnittlauch zur Dekoration

Zubereitung: Das Knödelbrot mit lauwarmer Milch übergießen. Zwiebeln in Butter andünsten und mit Eiern und Käse zu den Semmeln geben. Knödelbrot und Zwiebel zu einem Teig kneten und mit Salz, Pfeffer und Muskatnuss abschmecken. Falls der Teig zu weich ist, etwas Semmelbrösel untermischen. Pflanzerl formen und in Butter goldgelb rausbraten. Gebratene Knödel mit zerlassener Butter und frischem Schnittlauch anrichten.

Inzwischen haben auch wir mit etwas Geduld einen Platz gefunden. Eine Burschenschaft stimmt feuchtfröhliche Lieder an, der Geräuschpegel in der Stube steigt. Chefin Petra Ettenhuber, die für den hausgemachten Kuchen inklusive Apfelstrudel zuständig ist, freut sich nach getaner Arbeit zusammen mit ihrem Mann Sepp auf die wohlverdiente Speck-Alm-Weiße im Kreis ihrer Stammgäste. Was der gelernte Zimmermann und die ehemalige Bilanzbuchhalterin aus der Speck-Alm gemacht haben, verdient höchsten Respekt.

Spaß pur in Deutschlands größtem Skigebiet

Mit Schließung der Lifte leert sich die Alm. Die Pistencracks krönen den Tag mit der schwierigsten Abfahrt des Skigebiets, die hinter der Alm zur Rosengasse hinabführt. Am beliebtesten ist die Piste zum Mittleren Sudelfeld, von dem die Speck-Alm bequem mit dem modernen Vierer-Sessellift angesteuert wird. Reizvoll ist auch die rasante Abfahrt über bewaldete Westhänge nach Bayrischzell. Wir geben uns in der stimmungsvollen Dämmerung mit der breiten, inzwischen menschenleeren Piste über den Mittleren Sudelfeld zum Parkplatz Grafenherberge zufrieden. Der Mond taucht auf, doch die Mondscheinabfahrt mit Fackeln heben wir uns für das nächste Mal auf.

Aktivität: Rodeln, Bergwanderung | Gastronomie: bayerische Schmankerl

Die Rodelabfahrt nach Ostin ist weniger frequentiert als die direkte Strecke von der Neureuth nach Tegernsee.

Traumblick in das Tegernseer Tal

Rodeln an der Neureuth

Ortstermin an einem Rosenmontag. Nur zwei Tage noch bis zum meteorologischen Frühlingsanfang, doch die Berglandschaft präsentiert sich an der Neureuth noch immer im tiefsten Winterkleid. Während einige Unentwegte bei Minusgraden auf der Terrasse in die Sonne blinzeln, räumt Erich Fink mit dem Traktor den Neuschnee der vergangenen Tage beiseite. Seine Frau Katharina bereitet in der Küche die letzten Speisen zu, doch groß ist der Andrang trotz traumhafter Rodelbedingungen nicht. Von Pappnasen oder sonstigen Faschingshelden keine Spur. Erst für den Abend hat sich eine größere Gesellschaft angesagt.

Wahl zwischen zwei Rodelbahnen

Das Ehepaar Fink bewirtet die Neureuth bereits seit 1989 und hält täglich die Daten über Wetter, Gästeaufkommen und verkaufte Speisen fest. Diese akribische Buchführung hat den Vorteil, dass die Hüttenleute den Wareneinkauf und das Personal zum Beispiel an Feiertagen sehr zielgerecht auf den jeweiligen Tagesbedarf abstimmen können. Kein Wunder also, dass Katharina Fink über diesen ruhigen Nachmittag im Gegensatz zu den Buchverfassern keinesfalls

Die hausgemachten Spinatknödel sind auf der Neureuth sehr gefragt.

Berggasthof Neureuth

Inhaber Katharina und Erich Fink
Küchenchefin Katharina Fink

Adresse Neureuth, 83684 Tegernsee

Telefon 0 80 22 - 44 08

geöffnet Täglich außer Mo. 8.30–18 Uhr (wenn Mo. Feiertag, dann Di. geschlossen), Betriebsferien nach dem letzten So. im Nov. bis 25. Dez. und zwei Wochen vor oder nach Ostern; Mo. Kiosk bei schönem Wetter geöffnet

Schmankerltipp Zwei Spinatknödel mit Butter und Parmesan (7 €), Wammerl mit Kraut, Röstkartoffeln und Meerrettich (8 €), Krautwickel mit hausgemachtem Kartoffelbrei und Salat (8 €), hausgemachter Streuselkuchen (2 €)

Spinatknödel (für 4 Personen)

Zutaten: 500 g Knödelbrot, 500 g Spinat gehackt, 3 Eier, 1/8 l Milch, 100 g Käse (auch Käsereste möglich), Salz, Muskat, etwas Knoblauch

Zubereitung: Das Knödelbrot in eine Schüssel geben, Eier und Milch dazugeben, dann den feingeschnittenen Käse und den Spinat, zuletzt mit Salz, Muskat und Knoblauch würzen. Alles vermengen und Knödel formen. In kochendes Salzwasser geben und ca. 15 Min. leise kochen lassen. Mit zerlassener Butter und Parmesan servieren.

überrascht ist. Sie spürt halt auch, dass sich bei den Rodlern im Zuge dieses Traumwinters ein gewisser Verschleiß eingeschlichen hat.

Dabei können die verwöhnten Rodler an der Neureuth sogar zwischen zwei Varianten wählen. Die herkömmliche Abfahrt führt direkt vom Haus auf dem Forstweg in Richtung Tegernsee und ist 2,7 Kilometer lang. Letzteres wissen die Wirtsleute ganz genau, nachdem Erich die Bahn im Winter eigens räumt und regelmäßig als Transportweg für den Wareneinkauf nutzt. Die Strecke ist so steil und die Fracht mitunter so schwer, dass er für die Fahrten Spezialketten verwendet. Die Rodler sind vor allem bei der Abfahrt gefordert: Die Serpentinen im Mittelteil der Strecke erfordern gutes Lenk- und Bremsvermögen.

Die Abfahrt nach Oberbuchberg hingegen ist deutlich flacher und ein kleiner Geheimtipp. Sie ist weniger befahren und landschaftlich durch den lichteren Wald fast ein wenig reizvoller. Allerdings muss man von der Neureuth erst ein Stück weit steil durch den Wald (Wegweiser Gmund), bevor der präparierte Forstweg beginnt. Selbst Katharina Fink, die im Sommer nach Feierabend fast täglich zur Gindelalm wandert, ist diese Strecke in 17 Jahren erst ein einziges Mal gefahren. Besser kennt sich auf der Strecke womöglich Schorschi aus, der brave Hüttenhund. Gut möglich, dass uns der sportliche Schäfer-Labrador auf der Abfahrt oder beim Abstieg begleitet, um dann wie selbstverständlich zur Hütte zurückzukehren.

Hütte mit hohem Stammgastpotential

Der Berggasthof Neureuth ist alles andere als ein Geheimtipp. Nachdem sich hier im Jahr 1886 sogar die Kaiserin Elisabeth von Österreich die Ehre gab, bekommt der Begriff „Kaiserblick" eine völlig neue Dimension. In der Tat ist die Aussicht auf den Tegernsee und die umliegenden Berge von hier einzigartig. Doch die magische Anziehungskraft der Neureuth liegt nicht nur am fantastischen Blick, sondern auch am gemütlichen Hüttenflair und vor allem am schmackhaften Essen. Zu diesem Thema weiß der rüstige Rentner, der selbst im Winter bei Wind und Wetter nahezu täglich zur Hütte emporsteigt, bestimmt mehr zu erzählen.

Sämtliche Speisen werden auch bei starkem Andrang frisch zubereitet. Die Krautwickel mit hausgemachtem Kartoffelbrei, von denen selbst die Angestellten in höchsten Tönen schwärmen, gibt es jedoch nur an ruhigeren Tagen. Zuverlässig angeboten werden hingegen die hervorragenden Spinatknödel mit Butter und Parmesankäse, der in großen Laiben aus Italien angeliefert wird. Auch der Tafelspitz ist sehr zu empfehlen. Für die je nach Saison wechselnden, berühmten Neureuther Obststreuselkuchen und Torten ist übrigens Erich Fink zuständig.

Aktivität	Rodeln, Bergwanderung
Gehzeit	1 ½ Std.
Höhenmeter	450
Strecke	3,5 km (einfach)

Route Tegernsee (Oberbuchberg) → Neureuth und zurück

Anfahrt

ÖVM Mit der Bayerischen Oberlandbahn (BOB) von München zum Bahnhof Tegernsee und zu Fuß vom Bahnhofplatz auf der Neureuthstraße zum Wanderparkplatz. Etwas weiter ist der Weg vom Bahnhof Gmund zum Parkplatz Oberbuchberg.

Auto Auf der B 318 von Holzkirchen über Gmund in den Ort Tegernsee, dort Abzweig Richtung Lieberhof und Neureuth. Alternativ hinter Gmund ein kurzes Stück Richtung Schliersee und über Gasse nach Oberbuchberg.

Navigation N 47.735124°, E 11.749921°

Charakter Während die Rodelbahn von der Neureuth nach Tegernsee zum Teil in steilen Kehren abwärts führt, ist die nach Oberbuchberg verlaufende Bahn flacher und mit weniger Kurven versehen.

Karte Kompass-WK 8 Tegernsee / Schliersee, 1:50 000

Wander-Tipp Die Neureuth ist zu jeder Jahreszeit auch ein beliebtes Wanderziel. Neben den beiden Forstwegen gibt es von Tegernsee auch zwei Sommerwege und von Ostin einen Nordanstieg (Gehzeit 1–1 ½ Std.). Sehr schön ist von der Neureuth auch der Verbindungsweg über die Gindelalmschneid zur Gindelalm (45 Min.).

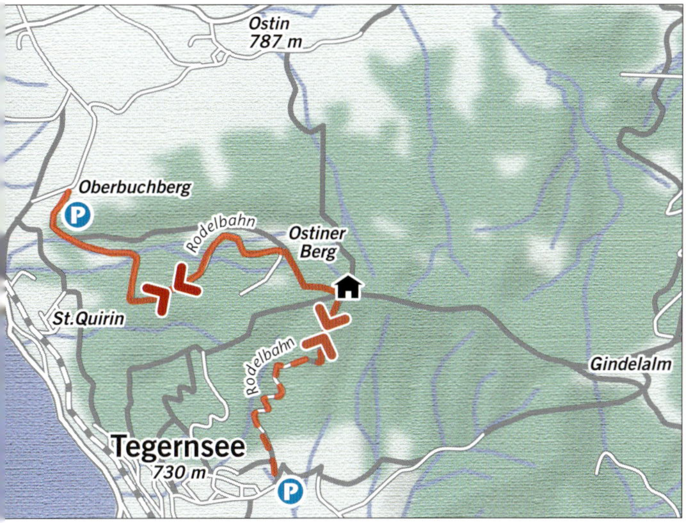

Eine stattliche Kiefer trotzt an der Neureuth der winterlichen Kälte.

Aktivität: Bergwanderung, Bike & Hike | Gastronomie: frische, knackige Salate

Logenplatz zwischen zwei Gipfeln

Bergwanderung von Bad Wiessee zu Roß- und Buchstein

Leider meinte es der Wettergott im August 2004 zum 100. Geburtstag der Tegernseer Hütte nicht sonderlich gut – es schüttete aus Kübeln. Doch der Starkregen brachte den Hüttenwirt Michael Ludwig und seine rund 100 Gäste nicht aus der Fassung. Im Gegenteil: Nachdem der Abt Johannes von Kloster Andechs seine Messe verlesen hatte, heizten die „Jagerbuam" die ohnehin schon warme Stube mit ihrer Blasmusik so richtig ein.

Gäste aus aller Welt

Die Tegernseer Hütte erfreut sich dank der exponierten Lage zwischen den Felsgipfeln Roß- und Buchstein großer Beliebtheit. Vor allem nach Süden ist die Aussicht grandios, der Blick reicht an den Zillertaler Alpen vorbei bis nach Italien. Zwischen enger Terrasse und gähnendem Abgrund hat gerade noch eine Zaunlatte Platz, und wenn dort Raucher ihrer Sucht nachgehen, fliegt dem Kletterer in der Südwand schon einmal feine Asche in die Augen. Genau aus diesem

Aktivität	Bergwanderung
Gehzeit	5 Std.
Höhenmeter	900
Strecke	13 km

Route Parkplatz Klamm → Tegernseer Hütte → (Buchstein) → Roßstein → Roßsteinalmen → Buchsteinhütte → Klamm

Anfahrt

ÖVM Mit der Bayerischen Oberlandbahn (BOB) von München nach Gmund am Tegernsee, Anschluss RVO-Bus zum Parkplatz Winterstube

Auto Über Tegernsee auf der B 307 zum Parkplatz Winterstube

Navigation N 47.624013°, E 11.712928°

Charakter Abwechslungsreicher Anstieg erst am Schwarzenbach, dann über die zunehmend steilen Hänge des Roßsteins. Der Buchstein setzt Klettererfahrung voraus, der Abstieg an der Südseite erfordert Trittsicherheit und Schwindelfreiheit.

Wegweiser Hütte und Gipfel sind bestens beschildert.

Karte Kompass-WK 8 Tegernsee

Bike & Hike-Tipp Mit dem Bike Anfahrt von Bad Wiessee über Schwarze Tenn oder vom Parkplatz Klamm bis zur Buchsteinhütte.

Auch etwaigen Schneeeinbrüchen zum Trotz hat die auf dem Sattel zwischen Ross- und Buchstein gelegene Tegernseer Hütte bis Anfang November geöffnet.

Grund ist die Direttissima unterhalb der Hüttenterrasse im Kletterjargon als Aschenbecher verschrien. Insgesamt gibt es rund um den Roß- und Buchstein 70 Kletterrouten vom Schwierigkeitsgrad 3+ bis 9+.

Doch es sind keinesfalls nur Kletterer, die sich von der Felskulisse angezogen fühlen. Auch Wanderer aus immer exotischeren Ländern pilgern von Süden oder Norden zu der privilegiert gelegenen Hütte hinauf. Also nicht erschrecken, wenn einmal ein Araber mit Turban auftaucht; oder Charakterköpfe aus Indien, Thailand, Japan, Korea und Amerika vor Ihnen stehen. Ob die Exoten jedoch auch auf den Buchstein hochkraxeln, ist nicht übermittelt. Der Fels ist durch die vielen Begehungen mittlerweile so abgespeckt, dass sich nur klettererfahrene Wanderer an den Aufstieg machen sollten. Die Leute wissen sich offenbar richtig einzuschätzen, denn ernste Bergunfälle gab es am Buchstein in den vergangenen Jahren nie.

Schmackhaftes Essen mit grandioser Aussicht

Tegernseer Hütte

Inhaber Michael und Sylvia Ludwig
Küchenchef Dieter Wollmann

Adresse Postfach 24, 83708 Kreuth
(Tal: Letten 5, 83661 Lenggries)

Telefon 0175-4115813 (Tal: 08042-917378)

Mail tegernseerhuette@aol.com

Web www.dav-tegernsee.de

geöffnet Zweiter Samstag im Mai bis erster Sonntag im November

Übernachtung 40 Lager

Schmankerltipp Gebackener Emmentaler (10 €), geschmelzte Maultaschen mit Kartoffelsalat (7 €), bunter Salatteller mit gebackenem Mozzarella (8,50 €), Kaiserschmarrn (8 €, nur werktags)

Deutlich einfacher ist der nur drei Meter tiefere Zwillingsbruder Roßstein. Beim Anstieg zeigt sich die Tegernseer Hütte von ihrer fotogensten Seite, im Hintergrund sieht man die Buchsteinrinnenbezwinger wie Spinnen im Fels kleben. Wer den Roßstein nach der Besteigung umrunden will, steigt zunächst wieder zur Hütte ab, wandert dann durch den felsdurchsetzten Südhang zu den flachen Wiesen hinab und quert anschließend auf dem Panoramaweg zu den Roßsteinalmen. Von hier geht es durch den Nordkessel und über die Buchsteinhütte zur Aufstiegsroute zurück.

Frischer, knackiger Salat

Vor dem Abstieg lohnt noch eine Kostprobe aus der leckeren Küche der Tegernseer Hütte. Aus vegetarischer Sicht lockt der für eine Berghütte untypische knackige Salatteller mit gebackenem Mozzarella und Balsamicodressing. Wer es schwäbisch mag, hat an den geschmelzten Maultaschen mit Kartoffelsalat seine Freude. In aller Munde ist auch der gebackene Emmentaler, der zweimal paniert werden muss, damit er nicht ausläuft. Sehr zu empfehlen ist übrigens der Kaiserschmarrn, doch den kann man nur an Wochentagen bestellen.

Apropos ärgern: Michael Ludwig hat Terrasse und Stube zur handyfreien Zone erklärt, und das sollte man respektieren. Nicht dass der Hammer doch noch zum Einsatz kommt, der neben der leicht demolierten Schiefertafel mit der Aufschrift „Handy bitte hier ausschalten" in Lauerstellung ruht. Um Anekdoten mit Handys ist der sympathische Hüttenwirt nicht verlegen. So erzählt er die Geschichte vom Chef eines Mobilfunkbetreibers, der sich einst in der Wand verstieg und – ansonsten schlecht ausgerüstet – mit dem Handy einen Notruf sandte, um ihn bei hereingebrochener Dunkelheit aus der Wand zu bergen. Da ist dem Hüttenchef eine Brautentführung in die Wand schon lieber, die seine Frau Sylvia bei der Hochzeit im August 2003 tapfer über sich ergehen ließ. Ein Taferl mit der Aufschrift „Brautverziagn" erinnert in der Wand an dieses freudige Ereignis.

Aktivität: Ski alpin, Bergwanderung | Gastronomie: bayerisch

Ein Skiort nach dem WM-Fieber

40 Pistenkilometer im Classic-Skigebiet

Nachdem die Ski-WM 2011 längst Geschichte und die Olympia-Bewerbung gescheitert ist, kehrt wieder die normale Betriebsamkeit in Garmisch-Partenkirchen ein. Immerhin hat das Groß-Event durch die Modernisierung einiger Liftanlagen und die Installation neuer Beschneiungsanlagen die Bedingungen im Classic Skigebiet, zu dem Alpspitze, Kreuzeck und Hausberg gehören, nachhaltig verbessert. Leider wissen die meisten Einkehren im Skigebiet nicht durch Qualität zu überzeugen. Eine Ausnahme bildet die Kreuzalm, auf deren Sonnenterrasse man den Skitag bei gutem Essen mit Blick auf die formschöne Alpspitze so richtig genießen kann.

Doch kaum ist der Streit zwischen einigen Bauern, die sich gegen die Olympia-Bewerbung ausgesprochen hatten, und dem Organisationskomitee bedingt durch die Absage abgeflaut, sorgt eine neue Gruppe für Aufsehen: die Pistengeher. Immerhin gibt es nach einigem Hin und Her nun offiziell die Möglichkeit, auf einer beschilderten Route entlang der Piste aufzusteigen. Und zwar von der Talstation des Hausberglifts wahlweise als „After-Work"-Tour zu Tonihütte und Drehmöser9 (Tourenabend Di. + Do. bis 23 Uhr) oder auf beschilderter Route am Trögllift rechts abzweigend direkt zu unserer Hütteneinkehr Kreuzalm (900 Hm).

Abfahrten für jeden Geschmack

Die Kandahar-Strecke, die auf knapp vier Kilometer Länge 940 Höhenmeter überwindet, zählt zu den schwersten Abfahrten im Weltcupzirkus und bedeutet auch für den Skiprofi Nervenkitzel pur. Hohen Ansprüchen genügt auch die parallel verlaufende Olympia-Abfahrt, die ebenfalls an der Talstation der Kreuzeckbahn endet. Für diese Strecken benötigt der normale Skifahrer neben ausgezeichneten Pistenverhältnissen messerscharfe Kanten.

Wer sich den Steilabfahrten weniger gewachsen sieht, sollte sich am Hausberg warm wedeln. Unter dem Kreuzwankl-Ski-Express findet man hierfür die ideale Piste. Auch Familien mit Kleinkindern kommen dank dreier Babylifte in der

Wegweiser an der Osterfeldkopf-Bergstation

Den schönsten Blick auf die Alpspitze genießt man von der Terrasse der Kreuzalm.

Kreuzalm

Inhaber Maria und Markus Krause
Küchenchef Markus Krause

Adresse	Kreuzeck 3, 82467 Garmisch-Partenkirchen
Telefon	08821-3045
Mail	kreuzalm@web.de
Web	www.kreuzalm-garmisch.de
geöffnet	Ganzjährig während der Betriebszeiten der Bahn; zwischen Ostern und Pfingsten sowie Allerheiligen und dem Beginn der Skisaison geschlossen

Schmankerltipp Tiroler Speckknödelsuppe (4,20 €), Schweinsbraten mit Semmelknödel und Blaukraut (9,50 €), Gulasch mit Knödel und Krautsalat (9,50 €), Kirschstreuselkuchen (2,80 €)

näheren Umgebung voll auf ihre Kosten. Die Querung vom Hausberg in das Kreuzjoch-Alpspitz-Gebiet zieht sich zwar etwas, dafür genießt man in der weitgehend baumfreien Landschaft am Osterfelderkopf neben der Sonne den herrlichen Blick. Durch die Höhenlage ist hier auch der Schnee meist besser.

Gaumenfreuden mit Alpspitz-Blick

Den schönsten Blick auf die Alpspitze genießt man von der Terrasse der Kreuzalm, nicht zu verwechseln mit der Kreuzhütte etwas oberhalb an der Seilbahnstation. Zur Begrüßung steigen einem aus dem Küchenfenster verheißungsvolle Düfte in die Nase. Beim Studieren der Speisekarte gerät man bei Gerichten wie Currywurst mit Pommes oder Leberkäse mit Kartoffelsalat zwar leicht ins Grübeln, ob sich das Essen wirklich vom verbreiteten Durchschnitt abhebt. Dann aber sieht man die Bedienung mit einem Teller dampfender Rindsroulade aus der Stube eilen und erkennt auf Anhieb allein am formschönen Knödel, dass Büchsenware hier ein Tabu darstellt.

Seit rund 33 Jahren wird die Hütte von der Familie Krause bewirtet. Seniorchef Herbert hat das Zepter inzwischen an seinen Sohn Markus und seine Schwiegertochter Maria übergeben. Die meisten Zutaten stammen von einheimischen Lieferanten. Freitags stehen an Feiertagen auch mal frische Fischgerichte auf der Speisekarte, was für eine Pisteneinkehr nicht gerade alltäglich ist. Großer Beliebtheit erfreuen sich die nach Tiroler Art zubereiteten Spinat-Käsenockerl und der klassische Schweinebraten.

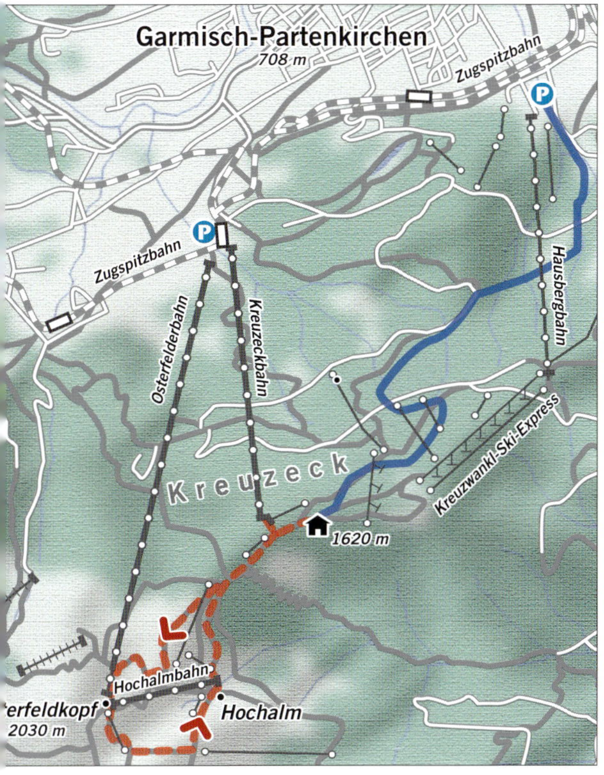

Aktivität	Ski alpin
Höhenlage	700–2050 m
Pistenlänge	40 km
Liftanlagen	4 Seilbahnen, 4 Sessellifte, 9 Schlepplifte und 3 Babylifte
Skisaison	Dez.–April

Anfahrt

ÖVM Mit der Deutschen Bahn (DB) von München stündlich nach Garmisch-Partenkichen, vom Bahnhof direkter Anschluss mit der Zugspitzbahn in das Skigebiet

Auto A 95 und B 2 nach Garmisch-Partenkirchen und dort der Beschilderung zu den Skiliften folgen

Navigation N 47.482322°, E 11.092844°

Charakter Landschaftlich grandios sind die Pisten am Osterfelderkopf, der Blick auf das Werdenfelser Land ist kaum zu toppen. Insgesamt bieten die Pisten für jeden Anspruch eine sportliche Herausforderung, das skitechnische Highlight bleibt die steile Kandahar-Abfahrt.

Info www.zugspitze.de

Tipp für Zugreisende Bei Vorlage eines Zugtickets verringert sich der Tagesskipass „Classic" von 36 auf 32,40 €; Sa. / So. verkehrt der Garmischer Ski-Express von München Hbf. (Abfahrt 7 Uhr; Kombi-Preis Fahrkarte mit Skipass 42 €)

Wander-Tipp Im Liftgebiet Kreuzeck- und Hausbergbahn gibt es zahlreiche Wandermöglichkeiten. Während die unteren Waldregionen wenig attraktiv sind, lohnt sich zum Beispiel der Aufstieg vom Kreuzeck zum Osterfelderkopf (1 Std.). Ein Herausforderung ist die Besteigung der Alpspitze über den Klettersteig Via Ferrata (3 Std.; nur für Geübte).

Pistenglück direkt unter der Alpspitze

Aktivität: Bergwanderung, Rodeln | Gastronomie: ökologisch, bayerische Schmankerl

Bergblick mit Hofkultur

Bergtour auf den Wank

Bereits im Jahr 1834 wurde das Gehöft Schlattan als Ausflugsziel mit Einkehr empfohlen. „Man kann sich an erquickender Alpenmilch laben", lautete seinerzeit der Werbeslogan. Frische Kuhmilch erhält der Wanderer auch heute noch beim Gschwandtnerbauer, der seit 1889 von der Familie Neuner als Restauration geführt wird. Kulinarische Highlights sind neben dem hervorragenden Topfenstrudel jedoch die feinen Fleischgerichte von Lamm und Rind aus der eigenen biologischen Tierhaltung.

Sportlicher Anstieg zum Wank

Von Schlattan ist der Gschwandtnerbauer auf dem Fahrweg rasch erreicht. Wer in den Genuss der mittäglichen warmen Küche kommen will, muss entweder früh aufbrechen oder den Gipfel am Nachmittag anvisieren. Mit vollem Magen kostet der relativ steile Anstieg zum Wank allerdings etwas Mühe, zudem ist die starke Sonneneinstrahlung zu beachten. Der Steig zieht auf einen bewaldeten Sattel empor, an dem der breite Ostrücken ansetzt. Nach einer Steilstufe flacht das Gelände deutlich ab, von den freien Wiesen blickt man in Richtung Estergebirge. Am 1779 Meter hohen Gipfel steht das Wankhaus mit herrlichem Blick auf Garmisch-Partenkirchen und das Wettersteinmassiv. Während im Westen die Ammergauer Berge auftauchen, zeichnen sich im Osten die einzelnen Karwendelketten ab. In Gipfelnähe nutzen Drachen- und Gleitschirmflieger die günstige Thermik zum Start in ihr viel bestauntes Flugabenteuer.

Als Abstieg empfiehlt sich die längere Variante über die Südwestseite des Berges. Zunächst geht es in weit ausholenden Kehren durch Latschen, dann durch Wald in Richtung Gamshütte bergab. Noch vor Erreichen der Hütte zweigt unsere Route nach Osten ab. Es folgt eine relativ lange Querung auf dem Forstweg, der später in einen schönen Waldpfad übergeht. Dabei muss vor dem finalen Abstieg zum Gschwandtnerbauer noch ein kleinerer Gegenanstieg über einen Waldrücken bewältigt werden. Die Zeitangabe von 30 Minuten auf dem letzten Wegweiser kann allenfalls von einem Bergjogger eingehalten werden.

Vom Gschwandtnerbauer zeigt sich die Alpspitze von ihrer majestätischen Seite.

Aktivität Bergwanderung
Gehzeit 4 ½ Std.
Höhenmeter 950
Strecke 12 km

Route Schlattan → Gschwandtnerbauer → Wank → Abstieg SW-Flanke → Gschwandtnerbauer → Schlattan

Anfahrt

ÖVM Wer mit der Deutschen Bahn (DB) von München nach Garmisch-Partenkichen anreist, wandert vom Bahnhof durch den alten Ortskern zum Fuß des Wanks und steigt direkt über die Gamshütte zum Gipfel auf. Der Rückweg erfolgt dann über den Ostrücken zum Gschwandtnerbauer und über die Pfeifferalm nach Garmisch. Alternativ fährt man mit dem RVO-Bus nach Schlattan.

Auto A 95 und B 2 nach Garmisch-Partenkirchen, von der Straße Richtung Mittenwald links nach Schlattan abzweigen. Falls der kleine Parkplatz nicht ausreicht, stellt man sein Fahrzeug am Straßenrand ab.

Navigation N 47.490094°, E 11.154878°

Charakter Abwechslungsreiche Rundwanderung am Wank. Der Anstieg führt durch den steilen Südhang und auf dem breiten Ostrücken mit herrlichem Blick auf das Wettersteingebirge zum Gipfel. Dann geht es in zahlreichen Kehren hinab in Richtung Gamshütte und auf Forstwegen und schönem Waldsteig zum Gschwandtnerbauer zurück.

Wegweiser W2 bis zum bewaldeten Sattel, 412 bis zum Gipfel, W5 und W2 im Abstieg

Karte Kompass-WK 7 Wettersteingebirge, 1:50.000

Rodel-Tipp Im Winter kann der Fahrweg von Schlattan zum Gschwandtnerbauer als Rodelbahn genutzt werden. Kinder haben im Blickwinkel der Eltern auf der angrenzenden Wiese ihre Rodelgaudi.

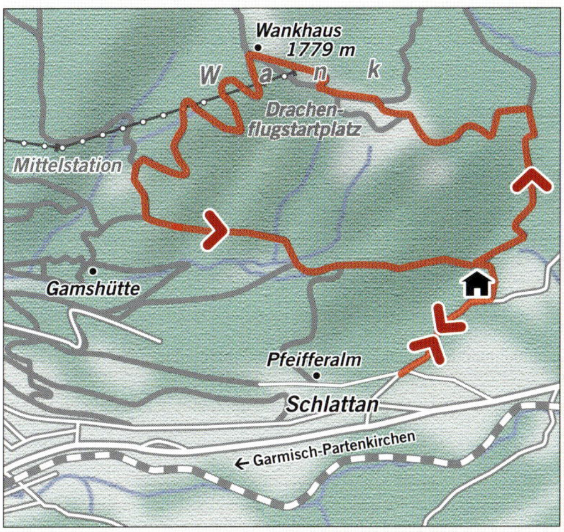

Wer mag, kann beim Gschwandtnerbauer direkt neben der kleinen Kapelle speisen.

Familie Neuner beim Fototermin

Alpengasthof Gschwandtnerbauer 🏠

Inhaber Sabine und Hansjörg Neuner
Küchenchef Hansjörg Neuner

Adresse Gschwandt 1, 82467 Garmisch-Partenkirchen

Telefon 0 88 21 - 21 39

geöffnet 10–18 Uhr, warme Küche 11.30–14 Uhr, Mo. und Do. Ruhetag, 1. Nov. bis 24. Dez. geschlossen

Schmankerltipp Brätknödelsuppe (2,50 €), Pichelsteiner Eintopf mit Lammfleisch aus eigener biologischer Haltung (7,50 €), Schweinsbraten mit hausgemachtem Kartoffelknödel und Blaukraut (8 €), Topfenstrudel mit Apfelmus und Sahne (6 €)

Natur pur, Biokost und ein Schuss Humor

Die Gartenterrasse des Alpengasthofs liegt so einladend schön inmitten der Bergwiesen, dass sich hier eine Rast geradezu anbietet. Auch das feine Essen ist ein gutes Argument für die Schlemmer-Einkehr. Mittags läuft der Essensbetrieb auf Hochtouren, Gerichte wie ungarisches Gulasch mit Knödel, Kartoffeln und gemischtem Salat oder Pichelsteiner Eintopf mit Lammfleisch gibt es solange der Vorrat reicht. Das Fleisch stammt überwiegend aus eigener biologischer Haltung: Während die 30 Schafe den Sommer im Reintal verbringen, weiden die elf Rinder auf der angrenzenden Wiese. Wer für die warme Küche zu spät kommt, erfreut sich an den hausgemachten Kuchen oder am ausgezeichneten Topfenstrudel mit frischer Sahne von der eigenen Kuhmilch.

Um die sehr moderaten Preise halten zu können, ist Selbstbedienung angesagt. Beim etwaigen Anstehen wird einem dank der gesprächigen Chefin Sabine bestimmt nicht langweilig. Jede Essensbestellung wiederholt sie lautstark in Richtung Küche, wo ihr Mann Hansjörg für die Zubereitung der Speisen zuständig ist. Auf das Lob eines Gastes, dass ja das kleine Mädl so fleißig mithelfe, entgegnet die Chefin trocken: „Glauben Sie nicht, dass meine Tochter dafür nicht eine Gegenleistung fordern würde." Eine Frau hinterfragt das Brüllen aus dem nahen Stall: „Schreien die Kühe? Wollen sie raus?" Sabine Neuners Antwort: „Die Kühe sind schon im Freien, es ist der Stier, der bloß zu den Weibern will." Diese Art von Humor würde bestimmt den lange verstorbenen Gschwandtnerwirt Anton Neuner erfreuen, der seine Gäste einst als unermüdlicher Spaßmacher bei Laune hielt.

Aktivität: Bike & Hike | Gastronomie: Tiroler Küche

Sattes Grün und steiler Fels

Bike & Hike von Scharnitz zur Speckkar-Spitze

Vor vielen Jahren wollten wir vom Inntal kommend nach der Besteigung der Speckkar-Spitze in der Hallerangerhütte übernachten, einer Sektionshütte des Alpenvereins. Die Hütte war voll, der Wirt schickte uns zur benachbarten Alm. Ob er damals geahnt hat, dass er mich mit diesem spontanen Tipp für immer als Übernachtungsgast abwerben sollte? Denn für einen Besuch der Halleranger Alm gibt es sehr gute Argumente: Die gemütliche Terrasse mit Blick in den Sonnenuntergang, die familiär-lockere Wohlfühl-Atmosphäre in der Stube und nicht zuletzt die herzhafte Tiroler Küche.

Höhlenerlebnis bei Blitz und Donner

Das erste Wiedersehen mit der Halleranger Alm hatte ich im Juli 1986, als ich mit fünf Freunden auf Karwendeltour war. Schon damals schwärmte ich von dieser unglaublich schönen Bergwelt: „Die Landschaft rund um die Halleranger Alm bietet ein großartiges Bild: So weit das Auge reicht, leuchten die weiten Almwiesen in saftigstem Grün, und im Hintergrund ragen diese steilen, bedrohlichen Karwendelwände in die Höhe. Da ist für jeden Geschmack etwas dabei."

In unserer Sturm-und-Drang-Zeit hatten wir für die schmackhafte Almküche noch keinen Sinn. Also baten wir den Almwirt höflich um ein paar Stückchen fein gewürztes Schweinefleisch und Kartoffeln, um in jener Höhle zu grillen, die wir beim Abstieg vom Lafatscherjoch entdeckt hatten. Wir schnitzten uns ein paar Holzspieße, stiegen das steile Geröllfeld bis zur Höhle am Fuß der Wand empor und entfachten das Feuer. Vielleicht

Im Hinterautal verläuft der Rad- und Wanderweg direkt an der jungen Isar.

würden wir immer noch dort sitzen, wenn uns nicht ein furchterregendes Gewitter gehörigen Respekt eingeflößt hätte. Es blitzte, krachte, hagelte und duschte, dass uns Hören und Sehen verging. Ein Blitz schlug in den Gifpel des Lafatscher, woraufhin eine Steinlawine zu Tale polterte. Wasserfälle schossen von den plattigen Wänden und bildeten im Schuttkar eine braune, alles mit sich reißende Flut aus Wasser und Schlamm.

Schmackhafte Tiroler Küche

Gewitter üben im Schatten dieser gewaltigen Felswände einen speziellen Reiz aus. Verstärkt durch den Echoeffekt zieht sich das Donnergrollen in den Talgründen beträchtlich in die Länge. Auch bei unserem letzten Besuch sollten wir im Abstieg wieder von Blitz und Donner überrascht werden. Kurz zuvor hatten wir noch in aller Ruhe auf der sonnigen Almterrasse gesessen – als stille Genießer der köstlichen Kasknödelsuppe und des feinen Kaiserschmarrns. Evi und Horst beziehen das Fleisch und die Milchprodukte übrigens aus der eigenen Landwirtschaft – und das schmeckt man auch. Die beiden sind kumpelhaft und kommunikativ, auch das weiß der Gast zu schätzen. Das Grillen in der Höhle überlassen wir heute also aus guten Gründen anderen.

Halleranger Alm

Inhaber Evi und Horst Schallhart
Köchchefinnen Silvia und Resi

Adresse Brand 390, A-6108 Scharnitz

Telefon +43-664-105 59 55 (Tal: -52 13)

Mail schallhart@halleranger-alm.at

Web www.halleranger-alm.at

geöffnet Juni–Okt.

Übernachtung 29 Betten, 70 Matratzenlager; im Tal vermietet die Familie Schallhart Ferienwohnungen.

Schmankerltipp Kasknödel mit Sauerkraut (8 €), Gamsbraten mit Semmelknödel und Blaukraut (16,50 €), Kaiserschmarrn mit Apfelmus (8 €)

Blick von der Almterrasse zur Kapelle und zur Speckkar-Spitze

Aktivität	Bike & Hike
Dauer	5–10 Std.
Höhenmeter	800 (1650 mit Gipfel)
Strecke	35 km (42 mit Gipfel)

Route Scharnitz → Isarquelle → Halleranger Alm → (Speckkar-Spitze) und zurück

Anfahrt

ÖVM Gute Zugverbindungen von München nach Scharnitz

Auto Mit dem Auto von München über Garmisch-Partenkirchen und Mittenwald nach Scharnitz. Im Ort nach der Isarbrücke links zum beschilderten Parkplatz

Navigation N 47.386321, E 11.266394°

Charakter Die Radstrecke von Scharnitz bis zur Kastenalm (ca. 12 km) verläuft von einer kurzen Steilstufe ab Wiesenhof abgesehen eben bis moderat steigend entlang der jungen Isar. Vom Raddepot wird der Weg deutlich steiler, wer kein Bikecrack ist, wandert ab hier besser weiter. Die Besteigung der Speckkar-Spitze ist atemberaubend schön, erfordert aber Trittsicherheit und Schwindelfreiheit.

Wegweiser Halleranger Alm und Isarquelle sind bestens beschildert.

Karte Kompass-WK 26 Karwendelgebirge

Ein beliebtes Fotomotiv ist die kleine Kapelle an der Halleranger Alm mit der senkrecht abfallenden Nordwand der Speckkar-Spitze im Hintergrund. Aus dieser Perspektive ist es kaum vorstellbar, dass geübte Wanderer diesen Berg ohne Probleme besteigen können. Doch der Anstieg erfolgt durch die nicht einsehbare steile Westflanke, anfangs über Wiesen und Schutt, später über Geröllfelder und durch gut gegliederten Fels. Grandios ist der Gipfelblick auf die Stubaier und Zillertaler Alpen. Wer sich im Aufstieg sicher fühlte, kann beim Abstieg die um eine Nuance schwierigere Variante über den Westgrat wählen; dort erfordert ein kleiner Kamin ein wenig Geschicklichkeit. Der Grat endet am Lafatscherjoch, wo man in nördlicher Richtung wieder zur Aufstiegsroute gelangt. Der Abstieg über den Halleranger nach Scharnitz ist lang – wohl dem, der sein Rad zumindest an der Kastenalm deponiert hat und genussvoll an der Isarquelle vorbei zum Ausgangsort zurückrollen kann.

Aktivität: Bergwanderung, Ski alpin | Gastronomie: Tiroler Spezialitäten

Tiroler Schmankerl über dem Achensee

Bergtour auf den Hochiss

Seit dem Bau der Seilbahn vor rund 50 Jahren ist das Rofangebirge auch für schwächer konditionierte Wanderer bequem zugänglich. In wenigen Minuten bewältigt die Bahn 900 Höhenmeter, der malerische Achensee ist von der Bergstation weiter entfernt als die umliegenden Gipfel. Während die nahe Erfurter Hütte als traditionelle AV-Unterkunft unter dem Strom sogenannter Halbschuhtouristen aus der Bergsteigerbrille an Reiz verliert, profitieren die Gebrüder Hollaus im benachbarten Almstüberl von der regen Kundschaft.

Beim Abstieg vom Hochiss wandert man auf die benachbarten Seekarl- und Rofanspitze zu.

Über den Hochiss zum Berggasthof Rofan

Wer auf die bequeme Aufstiegshilfe verzichtet, findet über das Dalfazer Tal einen zwar langen, aber einsamen und landschaftlich überaus reizvollen Zugang zum Rofangebirge. Der Anstieg zum Hochiss beginnt am südlichen Ende des Parkplatzes am Café Seeblick. Zunächst wandert man die kleine Teerstraße empor und folgt dann den Wanderschildern in den Wald. Anfangs quert der Weg über Wurzeln in nördlicher Richtung am Hang entlang, dann steigt er in vielen Kehren gleichmäßig zur Dalfazalm empor. Oberhalb der Alm flacht das Gelände etwas ab, bevor unterhalb des Streichkopfs in einem Schutt- und Wiesenkar die steilste Passage des Anstiegs erfolgt. Zuletzt quert man in Gratnähe auf leicht ausgesetztem Steig zum Hochiss hinüber. Beeindruckend sind vom Gipfel der Tiefblick in die Nordwand und das weitumfassende Bergpanorama bis zur Gletscherwelt von Zillertaler und Stubaier Alpen.

Der Abstieg erfolgt auf der Südseite des Berges. Die etwas luftigeren Passagen sind mit Drahtseilen gesichert. Trotz der gebotenen Konzentration bleibt ausreichend Zeit, um die Schönheit des Rofangebirges zu genießen. Unterhalb des steilen Gipfelhangs führt der Steig sehr genussvoll durch eine breite Mulde am Gschöllkopf vorbei zur Mauritzalm, die aus der Milch von gut einem Dutzend Kühe Graukäse zubereitet. Bereits in Sichtweite ist die Bergstation der Rofan-Seilbahn mit dem benachbarten Almstüberl, das zum Berggasthof Rofan gehört.

Gipfelfreude auf dem Hochiss

Aktivität	Bergwanderung
Gehzeit	4–7 Std.
Höhenmeter	950 (1380 mit Gipfel)
Strecke	14 km (20 mit Gipfel)

Route Maurach → Dalfazalm → Hochiss → Berggasthof Rofan → Maurach

Anfahrt

Auto Über Bad Tölz und Sylvensteinspeicher oder das Tegernseer Tal an den Achensee. Parkplatz in Maurach-Rofangarten (nach der Esso-Tankstelle auf der rechten Seite) und an der Talstation der Rofan-Seilbahn

Navigation N 47.43012, E 11.737432°

Charakter Sehr lohnende, aber anstrengende Rundtour im Rofangebirge mit großartigem Panoramablick. Im Gipfelbereich des Hochiss (2299 m) ist Trittsicherheit erforderlich (Drahtseilstellen).

Variante Die Wanderung kann erheblich abgekürzt werden, wenn man von der Dalfazalm (1692 m) auf dem Höhenweg direkt zur Rofanhütte steigt.

Wegweiser Durchgehend markierte Bergsteige (AV-Wege 413 und 401)

Info Zwischen Maurach und Berggasthof Rofan verkehrt alle 15 Min. die Rofan-Seilbahn (Betriebszeiten je nach Saison 8 / 8.30–17 / 17.30 Uhr). Die einfache Fahrt kostet 15 €, Berg- und Talfahrt 18 €. Nähere Info unter Tel. +43 / 5243-5292 oder www.rofanseilbahn.at

Karte Kompass-WK 8 Achensee, 1:35.000

Ski alpin-Tipp Der Berggasthof Rofan liegt unmittelbar an der Bergstation der Rofan-Seilbahn. Im Winter führen von hier im Schnitt mäßig steile Skipisten nach Maurach; neben der Seilbahn gibt es zwei Doppelsesselbahnen und einen Schlepplift.

9 Maurach Berggasthof Rofan

Reinhold, Bärbel und Jessica beim Abstieg vom Hochiss an einem herrlichen Novembertag; ein Tag später folgte der massive Wintereinbruch.

Verlockende Spinatknödel im Almstüberl

Berggasthof Rofan

Inhaber Familie Hollaus
Küchenchef Rainer Hollaus

Adresse A-6212 Maurach am Achensee

Telefon +43/5243-5058 oder +43/676-9313993

Mail rofan@achensee.net

Web www.berggasthof-rofan.com

geöffnet Mai bis Anfang Nov. und Mitte Dez. bis Ostern täglich 9–17 Uhr

Übernachtung 3 Doppelzimmer, 2 Mehrbettzimmer und 5 Matratzenlager

Schmankerltipp 2 Spinatknödel mit frischem Parmesan und grünem Salat (8,50 €), Holzfällerkartoffel nach Art des Hauses mit Zwiebel, Zucchini, Bohnen, Mais, Pfifferlingen, Sauerrahm und Petersilie (nur im Sommer, 9 €), Apfel- oder Topfenstrudel (2,50 €)

Tiroler Küche mit Achenseeblick

Das Almstüberl wartet mit schmackhafter regionaler Küche auf. Wie es sich für eine gestandene Tiroler Küche gehört, kommen frisch zubereitete Leber-, Speck-, Spinat- und Kaspressknödel sowie Schlutzkrapfen auf den Tisch. Sehr gefragt ist auch die Holzfällerkartoffel nach Art des Hauses, die mit Zwiebeln, Zucchini, Bohnen, Mais, Pfifferlingen, Sauerrahm und Petersilie angerichtet wird; auch Putenfleisch ist als Beilage möglich. Die geräucherte Achenseeforelle wiederum wird mit Sahnekren, Butter und Toastbrot serviert. Während der Schusszeit gibt es auch Gamsragout, manchmal bringt ein einheimischer Rentner frische Steinpilze vorbei. Als Nachtisch kommen Apfel- oder Topfenstrudel in Frage.

Während Rainer Hollaus das Essen zubereitet, ist sein umgänglicher Bruder Bernhard im Service präsent. Wer Tag für Tag von seinem Arbeitsplatz diesen privilegierten Blick auf den Achensee genießt, muss ja mit sich und seiner Umwelt im Reinen sein. Wenn sich Jugend- oder Klettergruppen einquartieren, wird die Hüttenromantik vom Almstüberl, das mit Dienstschluss der Seilbahn schließt, in den Berggasthof verlegt.

Der Abstieg nach Maurach ist gut beschildert: Schöner als der Güterweg über die Buchauer Alm ist der abkürzende Steig durch den Wald. Von der Talstation wandert man in das Ortzentrum von Maurach und rechts Richtung Seepromenade zum Parkplatz.

Aktivität: Bergwanderung | Gastronomie: Tiroler Almküche

Schneerosen, Eishöhlen, Feuerköpfl

Schöne Wanderziele hoch über dem Inntal

Die Wahrscheinlichkeit, dass zur Hütteneröffnung Mitte Mai noch Schneerosen am Feuerköpfl blühen, ist nur etwas größer als ein Lottogewinn, aber in schneereichen Wintern wie 2012 könnte es klappen. Da lugte sogar Anfang März nur noch der Schornstein des Höhlensteinhauses aus der weißen Pracht heraus, und an schattigen Stellen zieht sich die Schneeschmelze mitunter über viele Wochen hin. Genau diesen Zeitpunkt wartet die geschützte und äußerst seltene Alpenblume nämlich ab, um mit ihrer grazilen weißen Blüte das Herz des Wanderers tausendfach zu erfreuen. Ab Mitte Mai kann man die Wanderung bis zur Hundalm-Eishöhle ausdehnen.

Die Schneerose blüht unmittelbar nach der Schneeschmelze.

An der sonnigen Südseite über dem Inntal, die wir für unseren Aufstieg auswählen, zeigt sich die Schneerose durch die rasche Ausaperung bereits weitaus früher. Im Gegensatz zu den eintönigen Forstwegen, die von Norden zur Höhlensteinhütte hochziehen und auch von Mountainbikern genutzt werden, handelt es sich bei unserer Variante um einen schmalen Wald-und-Wiesen-Steig, der sich in vielen Kehren mit sagenhaftem Inntalblick emporwindet.

Auf der warmen Sonnenseite

Für die Überbrückung der ersten 300 Höhenmeter haben wir die Wahl zwischen dem markierten Wanderweg ab Ortsmitte Niederbreitenbach (Wegtafel am Kapellenweg 100 Meter westlich des Gasthauses Dampflwirt) und dem knapp vier Kilometer langen Forstweg, der in langen Kehren zum Bärnbadhaus hochführt; Letzteres erfordert, sofern man die Strecke mit dem Auto bewältigt, bei Gegenverkehr erhöhte Aufmerksamkeit. Von der kleinen Parkbucht am Waldrand wandert man über ein Hochplateau zum sichtbaren Bärnbadhaus, wo – an einer Alpenrosen-Tafel vorbei – der Wegeinstieg zum Feuerköpfl erfolgt. Anfangs geht es gemütlich durch den Buchenmischwald hinauf. Nach Querung in einen steilen Graben stoßen wir auf jenen Weg, der direkt von Niederbreitenbach hochführt.

In der Direttissima des Grabens folgt der steilste und bei entsprechender Sonneneinstrahlung auch wärmste Abschnitt der Tour. Beeindruckend ist die vom Feuerköpfl herabstürzende Felswand, von der nach starkem Regen Steinschlag droht. Der Weg windet sich steil durch das Nadelöhr aus lichtem Wald und erreicht vor dem Almplateau des Höhlensteinhauses eine Einsattelung, von der wir in wenigen Minuten das 1292 Meter hohe Gipfelkreuz erreichen. Mit etwas Glück ergattern wir einen Sitzplatz auf einer der beiden Bänke und genießen den

Höhlensteinhaus

Inhaber und Küchenchefs Familie Erharter

Adresse Angerberg 21, A-6300 Angerberg

Telefon +43-664-5160380

geöffnet Mitte Mai bis Ende Oktober, 25. Dez. bis Heilige Drei Könige

Schmankerltipp Graukas mit Essig, Öl, Zwiebeln und Schnittlauchbrot (4,50 €), Kaspressknödel mit Suppe (5 €) oder auf Sauerkraut (5,50 €), Schweinshaxe mit Sauerkraut und Kartoffeln (18 € für 2 Pers., nur am WE), Topfenkuchen (2 €)

Von Norden führt ein Fahrweg zum Höhlensteinhaus, das die Wanderer bis Ende Oktober mit schmackhafter Tiroler Küche verwöhnt.

fantastischen Ausblick über das Inntal und die Kitzbüheler Alpen hinaus bis zum Großvenediger.

Vorzeigehütte auf Wiesenplateau

Vom Feuerköpfl ist das Höhlensteinhaus bereits einsehbar: Ein kurzer Abstieg in das schöne Hochplateau, und die über drei Hausseiten angelegte Sonnenterrasse ist rasch erreicht. Mittwochnachmittags klingt einem die zünftige Hausmusik aus Tuba, Gitarre, Ziehharmonika oder anderen Instrumenten entgegen – die Musiker steigen wie wir aus dem Inntal zur Hütte empor und tragen in wechselnder Konstellation spontan ihre Stücke vor, heitere „Stanzerl" inklusive. Die einheimischen Stammgäste genießen auch das Privileg, am regelmäßigen Truthahnessen teilnehmen zu dürfen. Die Nachfrage wäre auch bei anderen Gästen groß, allein die Kapazitäten der eigenen Zucht sind beschränkt; spätestens zu Saisonende sind die begehrten Plätze für das Folgejahr bereits vergeben.

Aber auch mit den täglich auf der Speisekarte stehenden Gerichten kommt man voll auf seine Kosten. Groß ist die Auswahl zwar nicht, dafür ist alles hausgemacht, schmackhaft und gut. Die täglich rund 180 Liter Milch der neun Milchkühe verarbeiten die Wirtsleute zu Graukäse, Topfenkuchen und Almbutter, was in Kombination mit den ebenfalls hausgemachten Brot und Speck eine deftige Brotzeit ergibt. Sehr zu empfehlen sind auch die Kaspressknödel wahlweise in der Suppe oder auf Sauerkraut. Die weithin bekannte Schweinshaxe gibt es hingegen nur am Wochenende.

„Familiär" ist ein abgedroschener Begriff, im Höhlensteinhaus aber trifft er zu. Bereits der Großvater von Johann Erharter war hier schon als Senner zugegen, und bei den heutigen Gastgebern spürt man förmlich, dass sie mit Leib und Seele Hüttenwirte sind. Der Besucher fühlt sich auf Anhieb wohl und erhält auf Wunsch auch kompetente Auskunft zu den Wanderwegen – etwa zur Tirols einziger Eis- und Tropfsteinhöhle, die der Hütte ihren Namen gab (Gehzeit 1 ½ Std., geöffnet Mitte Mai bis Ende September, Eintritt 6 €). In unserem Fall geht es jedoch ganz einfach auf der Aufstiegsroute wieder zurück in das Tal.

Hausgemachter Leberknödel auf Sauerkraut

Aktivität	Bergwanderung
Gehzeit	3 ½ Std. (2 ½ Std. ab Bärnbadhaus)
Höhenmeter	800 (500 ab Bärnbadhaus)

Route Niederbreitenbach (Bärnbadhaus) → Feuerköpfl und zurück

Anfahrt

Auto A 8 und Inntalautobahn A 93 (Österreich: A 12) Ausfahrt Kirchbichl, Schönwörthstraße nach Niederbreitenbach, Parkplatz am Gasthaus Dampflwirt (ohne Maut: Ausfahrt Kufstein Nord und L 212 zum Ausgangsort); Weiterfahrt bis Bärnbadhaus auf eigenes Risiko möglich (am Ortsende rechts in den Bärnbadweg und knapp 4 km auf enger Forststraße, Parkmöglichkeit am Beginn des Hochplateaus)

Navigation N 47.55546°, E 12.109315 (Dampflwirt) oder N 47.549348°, E 12.084146° (Bärnbadhaus)

Charakter Der solide Steig führt durch zunehmend steiles Wald- und Wiesengelände zuletzt in vielen Kehren durch einen von steilen Felswänden flankierten Graben – zum Rand der Höhlenstein-Almmulde und ab hier rasch zum Gipfel.

Wegweiser Die Wege sind durchgehend sehr gut beschildert. Beim direkten Anstieg von Niederbreitenbach kann man sich den Abstecher zum Bärnbachhaus sparen!

Karte Kompass-Wk Nr. 9 Kaisergebirge, 1:50.000

Aktivität: Bergwanderung, Rodeln | Gastronomie: Tiroler Küche

Ein Trio vom Mairhofer

Wandern und Rodeln am Pendling

Ankunft Wanderparkplatz: Die Parkwächterin kassiert für die Unterhaltung und Instandsetzung von Straße und Parkplatz drei Euro, wovon man die Hälfte bei der Einkehr im Gasthof Schneeberg verrechnet bekommt. Die Speisekarte klingt zwar verheißungsvoll, aber wir sind schließlich zum Wandern und Rodeln da. Also kehren wir am Gipfel der Tour bei Andreas Mairhofers Cousin Albert im Pendlinghaus ein, dessen Mutter Christl angeblich „den besten Schweinebraten Mitteleuropas" im Holzofen gart. Und nach kurzem Abstieg gibt es beim zweiten Cousin Domitius an der Kala-Alm Kaffee und Kuchen, der seine Hütte im Sommer 2012 aufgrund des enormen Andrangs mal eben abreißen und rechtzeitig zur Wintersaison in neuem Glanz wieder aufbauen lässt.

Ankunft am Pendlinghaus an einem schönen Märztag

Am Plateau, am Gipfel und am Berg stößt der Wanderer somit jeweils auf einen Mairhofer-Wirt und genießt schmackhafte Gerichte aus der traditionellen Tiroler Küche. „Aber wir haben unterschiedliche Geldtaschen", sagt die Parkwächterin. Zu beachten ist, dass das Pendlinghaus im Winter nur an Wochenenden mit akzeptablen Witterungs- und Schneebedingungen geöffnet hat.

Kaiserblick vom Pendlinghaus

Wenn also Wochenende ist, die Sonne scheint, der Aufstieg zum Pendling gespurt ist und ausreichend Schnee für eine flotte Abfahrt von der Kala-Alm liegt, steht dem perfekten Wander-Schlemmer-Rodel-Wintertag nichts mehr im Weg. Nach dem Warmup auf der Rodelstrecke führt der beschilderte Steig an einer imposanten Felswand vorbei steil durch die schattige Waldschneise empor. Nach der Schneeschmelze ist der Waldboden im unteren Abschnitt von einem Meer weiß blühender Schneerosen bedeckt. Wir wandern – wie uns ein Schild am Wegesrand verrät – auf den Spuren von Ludwig Steub. Der aus München stammende Ethnologe und Reiseschriftsteller wurde durch seine Sagensammlung bekannt. In seinem 1871 veröffentlichten Buch „Drei Sommer in Tirol“ schwärmt er vom kaiserlichen Gipfelblick am Pendling, den er seinerzeit mit reichlich Pioniergeist mühsam erklimmen musste.

Der Ausblick auf das uns zu Füßen liegende Inntal, das Kaisergebirge, die Kitzbüheler Alpen und die Hohen Tauern mit dem Großvenediger ist in der Tat überragend. Auf dem Steig über den Pendling-Gipfel (1563 m) kann man die Sicht besser genießen als auf dem im Nordschatten der Kammhöhe zur Hütte führenden Fahrweg. Nach kurzem Abstieg ist das Pendlinghaus erreicht, das auf einem Felssporn vor über 100 Jahren errichtet wurde. Beim Betreten der urgemütlichen Stube wird klar, was die seit 1965 ansässige Wirtsfamilie Mairhofer unter „Tiroler Wohlfühlatmosphäre“ versteht. Seit Jahrzehnten bekocht Christl Mairhofer ihre Gäste nicht nur mit dem unschlagbaren Schweinebraten von der Schulter, sondern auch mit deftigem Rindsgulasch, Selchfleisch und Sauerkraut sowie mit diversen Knödelgerichten. Unterstützt wird sie in der Küche von ihrer Schwiegertochter Susanne, während ihr Sohn Albert seit vielen Jahren als Hüttenwirt fungiert.

Wintermärchen an der Kala-Alm mit Dauerfrost und Sonnenschein

Adrian goutiert das Selchfleisch mit Semmelknödel und Sauerkraut.

Pendlinghaus

Inhaber Albert Mairhofer
Küchenchefin Christl Mairhofer

Adresse Kirchdorf 61, A-6335 Thiersee

Telefon +43-5376-5374, Mobil: +43-664-2140710

Web www.pendlinghaus.at

geöffnet Ende April bis Anfang Nov. täglich, im Winter bei guten Bedingungen Sa. / So.

Übernachtung Zimmer und Lager für 55 Personen

Schmankerltipp Pressknödelsuppe (4,90 €), Selchfleisch mit Semmelknödel und Sauerkraut (9,20 €), Schweinebraten vom Holzofen mit Semmelknödel und Salat (9,50 €), Topfenstrudel mit Vanillesoße (5,50 €)

Rodelabfahrt von der Kala-Alm

Für den Übergang bzw. Abstieg zur Kala-Alm kann man wahlweise dem geräumten Fahrweg folgen – was bei viel Schnee angenehmer ist und zudem den Panoramablick nach Süden verlängert – oder nach der kurzen Gegensteigung der beschilderten Abkürzung folgen. Wenn die Thierseer Musikanten aufspielen, erhört man die Kala-Alm zuweilen eher als man sie erblickt. An Besuch mangelt es auf der geselligen Hütte nie. Zuweilen schaut Georg Fluckinger vorbei, der aus Langkampfen im Inntal stammt und in den 1980er Jahren als Rennrodler aktiv war. Dort traf er in den Eiskanälen des Rodel-Weltcups gegen Ende seiner Laufbahn gegen den Hackl Schorsch an. Heute ist er dem Rodelsport mit seiner Rodelbau-Firma treu geblieben, die pro Jahr immerhin 1500 lenkbare Schlitten produziert. Ein Stammkunde ist die Kala-Alm, wo die Rodel ausgeliehen und an der Holzhütte am Parkplatz abgestellt werden können. Dank der Beleuchtung kann man übrigens auch nach Einbruch der Dunkelheit noch bequem abfahren.

Die lukrative Mischung aus Heiterkeit, gutem Essen und Rodelspaß hat die Kala-Alm vor allem im Winter schier aus allen Nähten platzen lassen, viele Gäste mussten statt mit der warmen Stube mit den Bierbänken im Freien vorlieb nehmen. Grund genug für Domitius, endlich „Nägel mit Köpfen" zu machen und seine Einkehr nach dem Abriss im Sommer 2012 mit größeren Gasträumen und modernen Sanitäranlagen komplett neu zu errichten. In der Umbauphase sollte ein Provisorium die Wanderer mit dem Nötigsten versorgen.

Speckknödel (für 10 Personen)

Zutaten: 10 Semmeln, 80 g Fett oder Butter, 1 Zwiebel, Petersilie, 4 Eier, 1/4–3/8 l Milch, 100 g Mehl, 250 g Speck feingeschnitten

Zubereitung: Semmeln würfelig schneiden, Petersilie, geröstete Zwiebel und gerösteten Speck zugeben, alles mit Mehl gut mischen, zuletzt die erwärmte Milch mit Ei und Salz verquirlt beimischen, ziehen lassen. Mit nassen Händen Knödel formen, ca. 15 Min. in Salzwasser kochen.

Entweder in einer kräftigen Rindssuppe oder mit Sauerkraut servieren.

Aktivität Bergwanderung
Gehzeit 3 Std.
Höhenmeter 720
Strecke 9 km

Route Schneeberg → Pendlinghaus → Kala-Alm → Schneeberg

Anfahrt

Auto Wahlweise über Inntal-Autobahn (Ausfahrt Kufstein Nord, der Beschilderung Thiersee folgen) oder über Bayrischzell (B 307) und Ursprungpass (St2075) nach Thiersee; im Ort Abzweig Richtung Hinterthiersee und am Pfarrwirt links hinauf zum Parkplatz Schneeberg

Navigation N 47.579826°, E 12.092857°

Charakter Der Anstieg zum Pendling ist schattig und steil, bei Vereisung somit nicht zu empfehlen. Abstieg bzw. Abfahrt hingegen verlaufen moderat auf dem Fahrweg. Zwischen Pendling und Kala-Alm kann man bis auf wenige hundert Meter auch auf den Steig ausweichen.

Wegweiser Pendling und Kala-Alm sind vorzüglich beschildert.

Karte Kompass-WK Nr. 9 Kaisergebirge, 1:50.000

Rodelpartie bei traumhaften Bedingungen

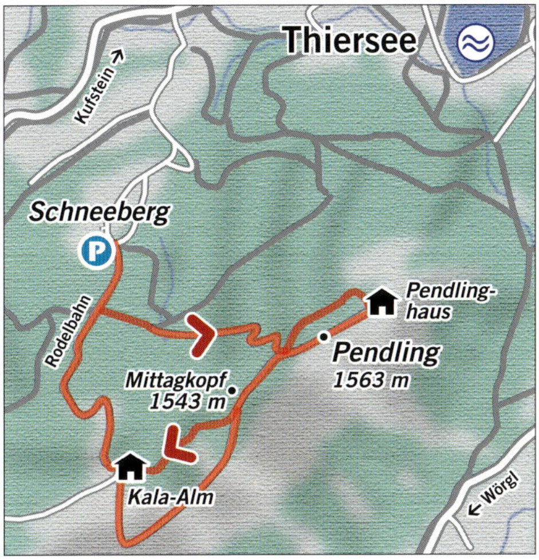

Tipp! **Nachtrodeln**

Seit wenigen Jahren herrschen für die Rodelabfahrt von der Kala-Alm durch die neu angebrachte Beleuchtung entlang der Strecke auch ohne eigene Stirnlampe noch bessere Bedingungen. Bei der Umtriebigkeit der Wirtsleute und der heiteren, gelegentlich durch Musik angeheizten Stimmung auf der Alm kann es schließlich leicht mal später werden …

Aktivität: Bergwanderung, Rodeln | Gastronomie: bürgerliche Hausmannskost

Bauernhof mit Höhenluft

Wandern und Rodeln an der Hohen Asten

Sehnsüchtig haben die Rodler auf diesen Schnee gewartet. Die fünf Kilometer lange Strecke von der Hohen Asten nach Flintsbach ist zwar offiziell nicht freigegeben, doch das stört die Einheimischen aus dem Landkreis Rosenheim herzlich wenig. Selbst als das nahe Inntal am späten Nachmittag bereits im Dämmerlicht liegt, ziehen immer noch Dutzende ihre Schlitten empor. Oben wartet die Hohe Asten mit ausgezeichnetem Essen. Und anschließend braust man mit Stirnlampen zu Tale.

Aktivität	Bergwanderung
Aufsteig	1 ½ Std.
Gehzeit	3 Std. (4 Std. mit Rehleitenkopf)
Höhenmeter	675 (900 mit Rehleitenkopf)
Strecke	10 (14) km

Route Flintsbach → Hohe Asten (Rehleitenkopf) und zurück

Anfahrt

Auto A 8 Richtung Salzburg, Inntalautobahn Ausfahrt Brannenburg, Landstraße nach Flintsbach, beschilderter Parkplatz am südlichen Ortsrand

Navigation N 47.717861°, E 12.126889°

Charakter Der Anstieg erfolgt in zwei Waldstufen ohne große Anstrengung auf dem Forstweg, dazwischen passiert man schöne Almwiesen. Vor allem der untere Abschnitt ist im Winter mitunter gefährlich vereist. Die Zugabe auf den Rehleitenkopf erfolgt auf bequemen Pfaden.

Karte Kompass-Wk 8 Tegernsee, Schliersee, Wendelstein, 1:50.000

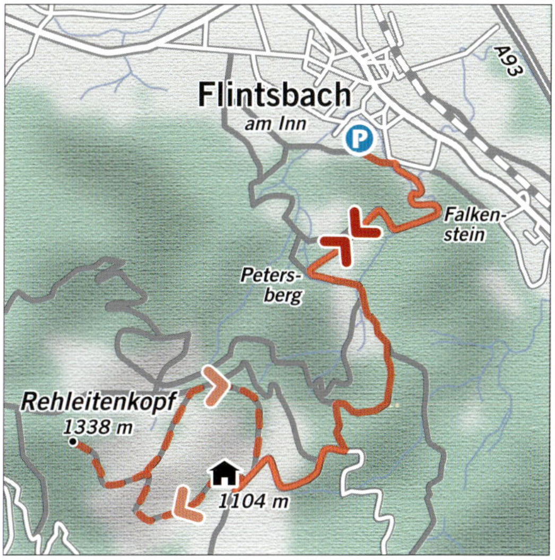

Ankunft an der Hohen Asten an einem kalten Dezembertag

Alternative Wandern

Wanderer hingegen kommen auch ohne üppige Schneevorräte auf ihre Kosten. Ausgangsort für den knapp zweistündigen Aufstieg ist der Parkplatz am südlichen Ortsrand von Flintsbach. Nach einer Steilpassage durch den Wald passiert man die Burg Falkenstein und erreicht hinter dem Petersberg ein Hochplateau. Nochmals geht es durch eine Waldstufe empor, dann öffnet sich das Gelände mit der weitläufigen Almlandschaft rund um die Hohe Asten. Als kleine Gipfel-Zugabe lohnt die Besteigung des 200 Meter höheren Rehleitenkopfs. Wir sind allerdings bis zum

Der Kaiserschmarrn zählt an der Hohen Asten zu den Klassikern.

Berggasthof Hohe Asten

Inhaber Christa und Peter Astl
Küchenchefin Christa Astl

Adresse	83126 Flintsbach
Telefon	08034-2151
Mail	info@hoheasten.de
Web	www.hoheasten.de
geöffnet	So./Mo./Do. 9–18 Uhr, Di./Mi. 9–23 Uhr, Sa. 9–21 Uhr, Fr. Ruhetag, 1.11. + Mo. nach 3. Advents-So. bis 25.12. + 1.1 geschlossen

Schmankerltipp Mangold-Käsknödel mit Butter (4,80 €), Lammragout mit Spätzle und Salat (10,90 €), Topfenkuchen (2,40 €)

Bauchnabel im Pulverschnee versunken und mussten mangels Schneeschuhen kapitulieren.

Verwandtschaft hilft mit

Die Hohe Asten (1108 m) gilt als einer der höchstgelegenen, ganzjährige bewirtschafteten Bauernhöfe Deutschlands. Fast täglich fahren die Landwirte Christa und Peter Astl ihren jüngsten Sohn Bernhard in das Tal, damit er in Brannenburg zur Schule gehen kann. Der 15jährige ist bereits so spielerisch mit den Arbeiten im Stall vertraut, dass er die jahrhundertelange Familientradition später wohl fortsetzen wird; zuvor absolviert er eine Lehre zum Landwirt. Da die Familie jedoch aus den Erträgen der Landwirtschaft nicht leben kann, ist sie auf die Einnahmen des Berggasthofs angewiesen.

Ein Beleg für den engen Familienzusammenhalt ist das Engagement der nahen Verwandtschaft, die bei Engpässen mit anpackt und auch die inzwischen verstorbene Oma hat bis in ein stolzes Alter von 90 Jahren nach Leibeskräften Hand angelegt.

Essen vom Hof

Das Konzept der Küche, vorwiegend auf eigene Produkte zu setzen, schafft nicht nur unter den zahlreichen Stammgästen Vertrauen. Gerichte wie Lammragout mit Spätzle oder Sauerbraten mit Knödel stehen nur dann auf der Speisekarte, wenn Fleisch aus der Schlachtung der eigenen Tiere vorrätig ist. Zum Hof gehören neben 35 Schafen auch 12 Milchkühe, 30 Jungrinder, vier Schweine, vier Pferde und vier Katzen.

Wer vegetariche Kost bevorzugt, sollte die hervorragenden Mangold-Käsknödel mit Butter probieren. Der „gefühlte" Kaiserschmarrn – das Rezept für die beliebte Teigware haben Christa und Co. längst im Blut – lässt ohnehin keine Wünsche offen. Für Topfenkuchen und Schmalznudel dienen die hofeigene Milch bzw. Butter als Zutaten. Nur auf hofeigene Eier muss der Gast verzichten, da das Experiment Huhn in der Vergangenheit dem Jagdtrieb des Fuchses zum Opfer fiel.

Fotogene „Buckelwiese", im Sommer ein Eldorado für seltene Orchideen (o.); Blick in das Inntal beim Anstieg zum Rehleitenkopf

Aktivität: Bergwanderung | Gastronomie: Tiroler Küche

Aussichtskanzel im Zahmen Kaiser

Wanderung zwischen Inntal und Pyramidenspitze

Tiefblick beim Anstieg zum Peterskopfl über die Naunspitze in das Inntal

Der Schilderbaum in der Kaiserklamm weist neben einigen Gipfelzielen nicht weniger als acht Alm- und Hüttenziele aus, die im Kaisertal eine Einkehr lohnen. Wir entscheiden uns für die Vorderkaiserfeldenhütte, und zwar nicht, weil wir dort auf Wunsch mit einem süßen Himbeerkuss (ein Glas Buttermilch mit einer Kugel Himbeereis) begrüßt werden, sondern weil das Bergpanorama und auch die alpine Flora hier unverwechselbar schön sind. Wer sich einmal auf der Hüttenterrasse niedergelassen hat, muss sich einen Ruck geben, um wieder das Weite zu suchen.

Hüttenanstieg über die Ritzau-Alm

Da der direkte Anstieg von Kufstein auf breiten Wegen verläuft, schaffen es dem beträchtlichen Höhenunterschied zum Trotz auch weniger geübte Wanderer bis zur Hütte. Vom Parkplatz führt ein steiler Treppenweg in Kehren an der Kaiserklamm empor; im Winter hilft ein Geländer bei Glatteis. Nach der ersten Steilstufe zweigt oberhalb des ehemaligen Jeep-Parkplatzes der beschilderte Waldweg zur Ritzau-Alm ab, die nach etwa einer Stunde an der ersten größeren Lichtung auftaucht. Die hausgemachten Kuchen sowie die Tiroler Knödel- und Wildgerichte der Alm sind zwar durchaus zu empfehlen, aufgrund der klar besseren Aussicht folgen wir jedoch dem Fahrweg ostwärts bis zur 220 Meter höher gelegenen Vorderkaiserfeldenhütte.

Logenplätze mit Alpengarten

Hauptattraktion neben dem vorzeigbaren Essen auf der Hütte ist der kaiserliche Blick in das Inntal. Das breite Tal öffnet sich nach Südwesten, sodass man von der lange sonnigen Terrasse mit Muße die wunderschöne Abendstimmung genießen kann. Je tiefer die Sonne steht, desto rötlicher verfärben sich die Felswände des Wilden Kaisers. Seit Sommer 2003 leitet das Wirtspaar Bonnie und Kurt Mirlach bereits diese privilegiert gelegene Hütte. Erst fünf Jahre später erfolgte mit dem Tunneldurchstich im Kaisertal die verkehrstechnische Anbindung an das Inntal. Zuvor musste der Hüttenjeep von Kufstein aufwändig mit der Seilwinde über die Sparchenstiege nach oben katapultiert werden, bevor er als Transportmittel in Frage kam. Für einen

Aktivität	Bergwanderung
Gehzeit	4 ½ Std.
Höhenmeter	920
Strecke	12 km

Route Kufstein (Sparchen) → Ritzaualm → Vorderkaiserfeldenhütte → Pfandlhof → Kufstein

Anfahrt

ÖVM Mit der Bahn nach Kufstein und mit dem Bus nach Sparchen (Eingang Kaisertal)

Auto A 8 und Inntalautobahn Ausfahrt Kufstein Nord, in Kufstein Richtung Ebbs und rechts zum Parkplatz „Kaisertal“ abbiegen

Navigation N 47.593937°, E 12.187507°

Charakter Bis auf eine kurze Querung oberhalb der Sparchenstiege meist relativ steiler Anstieg auf breiten Wanderwegen. Zur Schonung der Knie wählen wir im Abstieg eine etwas längere, dafür flachere und landschaftlich reizvollere Route.

Wegweiser Die Wege sind bestens beschildert.

Karte Kompass Wanderkarte Nr. 9, Kaisergebirge, 1:50.000

Steinpyramide vor dem Wilden Kaiser

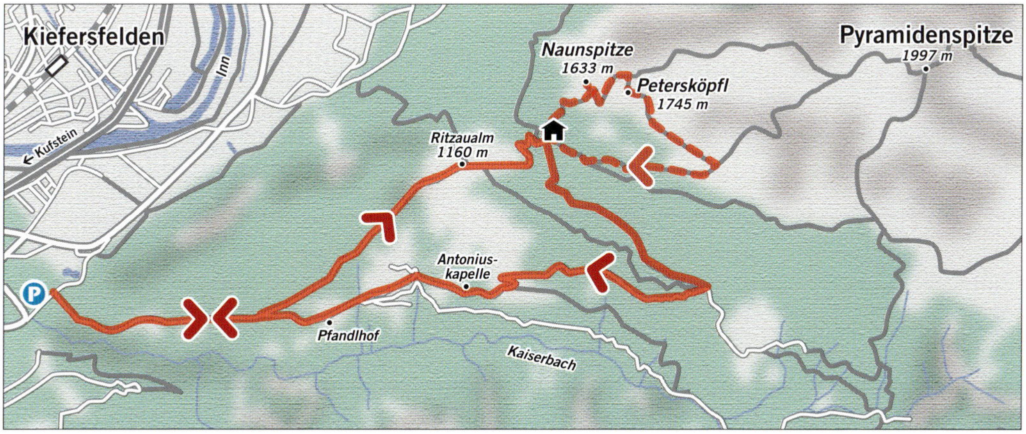

Kaiserschmarrn vor Wildem Kaiser mit dem Scheffauer

Vorderkaiserfeldenhütte

Inhaber	Bonnie und Kurt Mirlach
Adresse	Kaisertal 15, A-6341 Ebbs
Telefon	+43-5372-63482
Mail	info@vorderkaiserfelden.com
Web	www.vorderkaiserfelden.com
geöffnet	ganzjährig, Betriebsferien Mitte/Ende März bis Ende April und Dezember, Januar bis Mai Di. Ruhetag

Übernachtung 31 Zimmerlager, 64 Matratzenlager

Schmankerltipp Tiroler Schottsuppe mit in Butter gerösteten Schwarzbrotwürfeln und frischen Kräutern (4,20 €), Nudeln mit Gemüserahmsoße und Parmesan (7 €), Gamsbraten in Wacholderrahmsoße mit Semmelknödel, Preiselbeerbirne und Apfelblaukraut (16,50 €), Zwetschgenknödel mit brauner Butter und Zimtbröseln (6 €)

solchen Einsatz waren bis zu 15 Arbeiter drei bis vier Stunden lang beschäftigt.

Die schönsten Plätze auf der Sonnenterrasse sind bei entsprechender Witterung rasch belegt, aber mit ein wenig Geduld findet jeder seine Wohlfühlnische. Wenige Meter von der Terrasse entfernt lohnt der Abstecher in den schön angelegten Alpenblumengarten. Wer im Frühsommer den Anstieg mit offenen Augen bewältigt, entdeckt am Wegesrand bereits seltene Orchideen wie das Rote Waldvöglein, die Waldhyazinthe oder das Brandknabenkraut; welche Blumen vom Türkenbund bis zur Teufelskralle sonst noch in freier Wildbahn wachsen, darüber kann man sich im Alpengarten einen umfassenden Überblick verschaffen.

An der Vorderkaiserfeldenhütte herrscht Selbstbedienung, man prägt sich also seine Tischnummer ein und bestellt in der Stube sein Essen, das einem der freundliche Kellner später heraustragen wird. Sehr zu empfehlen sind die Knödel- und Nudelgerichte sowie frisch zubereitete Fleischgerichte wie Almochsengulasch oder Gamsbraten. Als Nachtisch locken hausgemachte Kuchen wie Mandelkarotten- oder Joghurthimbeertorte. Der Kräutermilchkäse stammt aus eigener Erzeugung, die meisten Zutaten für die angebotenen Speisen liefert die „Genussregion Untere Schranne“.

Reizvolle Wanderoptionen

Wer auf der Vorderkaiserfeldenhütte übernachtet, dem bieten sich sehr lohnende Wanderziele im Zahmen und Wilden Kaiser. Die Krönung des Aufenthalts ist die Besteigung der Pyramidenspitze (2 ½ Std. ab Hütte), aber auch die etwa halb so weit entfernten Naunspitze und Peterskopfl sind – bei Bedarf auch über ausgewiesene Kletterrouten – eine Besteigung wert. Zudem führen reizvolle Höhenwege zu benachbarten Hüttenzielen.

Als Tagestour sollte man sich für die Rückkehr nach Kufstein zumindest eine Abstiegsvariante gönnen. Etwas unterhalb der Hütte zweigt vom Fahrweg nach Süden ein Steig in das Kaisertal ab, der mit herrlichem Blick auf die Kaiser-Gipfelgrößen Ellmauer Halt und Totenkirchl erst im Talboden wieder auf einen breiteren Weg stößt und an Antoniuskapelle und Pfandlhof vorbei auf zuletzt bekannter Route zum Parkplatz zurückführt.

Aktivität: Bergwanderung | Gastronomie: biologisch und regional, Tiroler Spezialitäten

Biokost mit Kaiserblick

Wanderung auf das Feichteck

Spätsommerliche Wolkentürme beim Aufstieg zum Feichteck

Zwar ist die Kulisse nicht mehr so spektakulär wie im Wilden Kaiser, doch Jan fühlt sich auch in den Westausläufern der Chiemgauer Berge sehr wohl. Schade nur, dass die Kaiserwände nun 18 Kilometer Luftlinie entfernt sind – zu weit für eine spontane Klettereinheit! Zusammen mit seiner Lebensgefährtin Annette ist er 2010 von der Kaindlhütte zur Schwarzrieshütte umgezogen, ohne sich vom bewährten Motto „Berge und Bio" und von den für Qualität bürgenden Lieferanten im nahen Inntal zu verabschieden.

Statt Kletterrouten gibt es im Trockenbachtal nun anderes zu entdecken: seltene Blüten wie Frauenschuh, Moschus-Malve und Schwalbenwurz-Enzian etwa oder die besten Fundorte für Steinpilze. Und bei der Überschreitung des Feichtecks genießt der Wanderer den fulminanten Blick auf die Chiemgauer Berge und den Wilden Kaiser.

Aussichtsreiche Feichteck-Überschreitung

Vom Waldparkplatz geht es auf beschildertem Forstweg mit Abkürzung der unteren Wegschleife rasch zur Wagneralm hinauf. Oberhalb der Alm überwindet man eine steile Waldstufe, dann erfolgt der Schlussanstieg mit zunehmend freier

Annette und Jan setzen auf Bio-Zutaten: Vorzüglich etwa schmeckt der Spinatknödel.

Schwarzrieshütte

Pächter Annette Ziegler und Jan Piepenstock
Küchenchefin Annette Ziegler

Adresse Alm 27, A-6343 Erl

Telefon +49-3233-1031023

Mail info@schwarzrieshuette.com

Web www.schwarzrieshuette.at

geöffnet Mai bis Anfang Nov. Mi. 10–22 Uhr, Do.–Sa. 9–22 Uhr, So./Fei. 9–18 Uhr

Übernachtung 16 Plätze im Zimmer- und Matratzenlager

Schmankerltipp Gemuse-Gerstl-Suppe (3,90 €), Mangoldknödel mit Blattsalat und Annettes Kaisermarinade (6,50 €), Kassler mit Sauerkraut und Brot (7,50 €)

Sicht auf die umliegenden Berge auf dem breiten Gratrücken. Nach der lohnenden Gipfelrast steigt man Blickrichtung Hochries (siehe Tour 16) über steile Wiesen und durch schönen, teils mit Farn bedeckten Wald ab. Vor dem Karkopf erreichen wir eine Einsattelung, wo unser Weg südwärts zur sichtbaren Pölcheralm abzweigt. Nach Passieren der Schneibereralm ist Aufmerksamkeit gefragt: Direkt am Waldrand führen links Pfadspuren flach an einem Zaun entlang, die im Wald in einen deutlichen Pfad münden. Nach kurzem Abstieg erreichen wir die Wiesen der Käsalm, von denen ostwärts der gut ein Kilometer lange, moderate Abstieg zur Schwarzrieshütte erfolgt.

Menü für Übernachtungsgäste

An der Westseite der Hütte laden Liegestühle zum Entspannen ein, und das Motto „Berge und Bio" verführt zu einer kulinarischen Kostprobe. Annette und Jan, die die Hütte 2010 nach etlichen Jahren auf der Kaindlhütte übernommen haben, beziehen ihre Waren fast ausschließlich von ökologisch arbeitenden und regionalen Betrieben. Mit diesem Wissen schmeckt die mit hausgemachter Rinds- oder Gemüsebrühe servierte Speckknödel-, Spinat-, Mangold- oder Kaspressknödelsuppe gleich noch viel besser! Alternativ bestellt man eine deftige Brotzeit oder einen schmackhaften Kuchen.

Aktivität Bergwanderung
Gehzeit 4 Std.
Höhenmeter 750
Strecke 12 km

Route Samerberg → Wagneralm → Feichteck → Pölcheralm → Schneibereralm → Schwarzrieshütte → Käsalm → Samerberg

Anfahrt

Auto A 8 Ausfahrt Achenmühle / Samerberg / Törwang, über Grainbach (Richtung Hochriesbahn) bis zum beschilderten Waldparkplatz

Navigation N 47.733147°, E 12.211604°

Charakter Abwechslungsreiche Rundtour, die im unteren Almbereich meist auf Forstwegen und bei der teils steilen Überschreitung des Feichtecks auf schönen Bergpfaden erfolgt.

Wegweiser Der Anstieg zum Feichteck über die Wagneralm ist gut markiert bzw. beschildert, ebenso der Rückweg von der Schwarzrieshütte zum Waldparkplatz; beim Abstieg zur Hütte gilt es vor allem die Schlüsselstelle an der Schneibereralm zu beachten (sieht Text)!

Karte AV-Karte BY 17, Chiemgauer Alpen West, 1:25.000

Bike-Tipp Die Strecke vom Waldparkplatz über die Käsalm zur Schwarzrieshütte ist ideal für Biker (4 km einfach; ab Nußdorf 12,5 km)

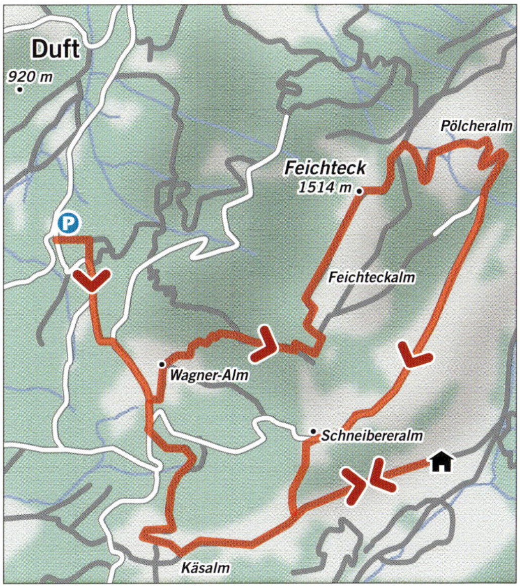

Übernachtungsgäste erhalten auf Vorbestellung ein köstliches Fleisch- oder auch vegetarisches Menü. Nicht ohne Schmunzeln zitiert Annette einen Anrufer, der auf ihre Frage, ob er Fleisch oder vegetarische Kost bevorzuge, prompt antwortete: „Na, schon normal!“ Dabei ist die Essensauswahl gerade für eine Berghütte alles andere als normal! Jan fährt zweimal pro Woche mit dem Jeep nach Kufstein hinab und kauft im Bauernladen Osl, bei der Biometzgerei Juffinger und Vollwertbäckerei Hauber frische Ware ein; auch der Chiemgauer Naturkosthandel und die niederösterreichischen Bio-Weingüter Graf und Zillinger gehören zu den Hauptlieferanten.

Wohl dem, der sich einen Traum erfüllt: Jan hatte ohne Tageslicht im dunklen Keller als Toningenieur gearbeitet, bevor er die Gunst der Stunde nutzte und seiner Bergverbundenheit nun als Hüttenwirt nachgehen kann. Und Annette opferte die 18-jährige Leitung einer Volkshochschule gerne der Verwirklichung ihres Kindheitstraums; schon als 13-jährige hatte sie Kochbücher gesammelt und mit Vorliebe an originellen Rezepturen gefeilt. „Deine Kaspressknödel sind besser als bei mir daheim, obwohl Du keine Tirolerin bist“, sagte einst eine Tirolerin. Wenn dieses Kompliment keine gute Einstimmung ist für ein Menü à la Rote-Rüben-Suppe, Hokkaido-Kürbis-Curry mit Süßkartoffeln und Mango-Mascarpone mit Rum.

Schwalbenwurzenzian oberhalb der Pölcheralm

Aktivität: Bergwanderung | Gastronomie: Brotzeiten, Almküche

Freundschaft am Berg

Almwanderung an der Gedererwand

Zur Abwechslung testen nicht wir Erwachsene, sondern die beiden 14-jährigen Freundinnen Pia und Isi Wanderroute und Almjause. Obwohl die beiden alles andere als bergerfahren sind, meistern sie den teilweise felsdurchsetzten Anstieg zur Gedererwand grazil wie zwei junge Gämsen. Und obwohl Isi blasenbedingt im Abstieg Höllenqualen durchleidet, trägt sie auf allen Bildern ein heldenhaftes Lachen zur Schau. Das liegt vor allem am heiteren Zuspruch ihrer besten Freundin Pia, die mit ihren Schuhen aushilft und barfuß wandert. Zum Lohn gibt es eine ordentliche Portion Kaiserschmarrn auf der Maisalm und die Abbildung auf dem Titelcover dieses Buches.

Die kurzen Kletterpassagen machen Pia und Isi offenbar Spaß.

Hätten die beiden gewusst, dass an der Weißenalm ein Kalb und eine Sau fast ebenso dick miteinander befreundet sind wie sie selbst, wäre der kleine Umweg bestimmt ein Selbstläufer gewesen. Emil, die Sau, ist inzwischen leider nicht mehr da, worüber 412, das Kalb – nach altem Brauchtum erhält das Tier erst dann einen richtigen Namen, wenn es selbst gekalbt hat –, anfangs sehr traurig war. Jeden Morgen hatte 412 Emil abgeholt, ihn auf die Weide geführt, quasi adoptiert und wie eine Mutter behütet ...

Abstecher zur Weißenalm

Nach moderatem Anstieg vom Wanderparkplatz durch den Wald (nicht direkt zur Maisalm aufsteigen, sondern den Fahrweg im Talboden ein Stück weit ostwärts queren, rechts dem Gederer-Wanderschild folgen und an der T-Kreuzung links in den Forstweg abbiegen) stoßen wir am Waldrand auf den „Kuhwegweiser" mit der Aufschrift „Weißenalm behirtet, 5 Min. am Zaun entlang". Die aufgrund eines Funklochs telefonisch nicht erreichbare und montags geschlossene Alm ist allein wegen des vorzüglichen Käses einen Abstecher wert. Sennerin Gabi macht aus den 15 bis 30 Litern Milch ihrer beiden Milchkühe täglich drei bis vier Käselaibe: Alm- und Butterkäse wahlweise mit Kräutern, Nüssen und Pfefferkörnern. Zur Brotzeitplatte schmeckt auch der eingelegte Käse in Öl, außerdem gibt es Topfen-Apfel-Strudel und hausgemachten Kuchen. Gabi stammt aus der Holledau, weshalb sie Hopfenschnaps kredenzt.

Aktivität Bergwanderung
Gehzeit 3 ½ Std.
Höhenmeter 750
Strecke 9 km

Route Hintergschwendt (Aigen) → Weißenalm → Gedererwand → Maisalm → Hintergschwendt

Anfahrt

Auto A8 Ausfahrt Bernau, im Ort links auf Chiemsee- und Bahnhofstraße zum Bahnhof

Navigation N 47.780347°, E 12.361121°

Charakter Der Anstieg zur Gedererwand erfordert Trittsicherheit, in der nördlichen Steilflanke sind kurze Kletterstellen zu bewältigen. Ansonsten sind die Wege überwiegend breit und einfach zu begehen. Wer nur das „Almprogramm" absolvieren will, kann von der Weißenalm in ca. einer halben Stunde zur Maisalm queren.

Wegweiser Die Gedererwand ist nur anfangs beschildert, der schwach markierte Pfad durch die Steilflanke beginnt exakt am Abzweig zur Weißenalm vom Forstweg. Im Abstieg viele Markierungen.

Karte Kompass-Wanderkarte Nr. 10, Chiemsee Simssee, 1:50.000

Bike-Tipp Eine schöne Bikerunde führt vom Bahnhof in Bernau über Seiseralm und Maisalm zur Weißenalm und von der Hütte nach flotter Abfahrt über Rottau zum Ausgangsort zurück (21 km).

Gemeinsam sind wir stark: Eine leicht wacklige Haltung beim Abstieg zur Maisalm, blasen- und barfußbedingt …

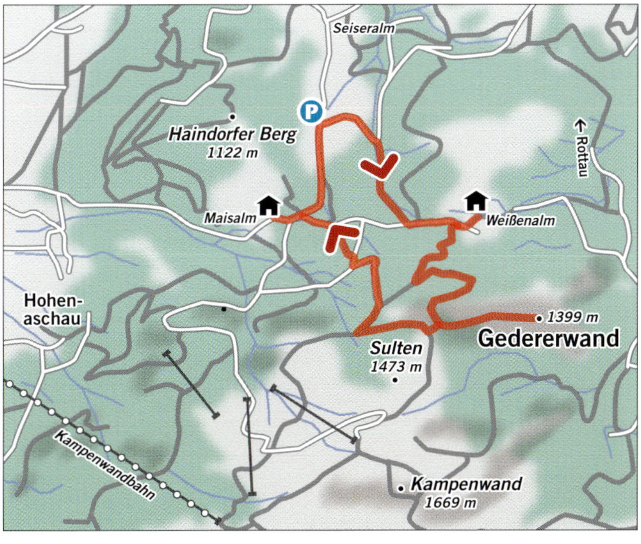

Gabi und Walter präsentieren ihre Brotzeitplatte vor der Gedererwand.

Weißenalm

Inhaber Gabi und Walter

geöffnet Mai bis Sept. täglich außer Mo.

Schmankerltipp Brotzeitplatte mit Alm- und Butterkäse mit Kräutern, Nüssen und Pfefferkörnern oder mit eingelegtem Käse in Öl, Topfen-Apfel-Strudel, hausgemachte Kuchen

2012 ist sie mit ihrem Lebensgefährten Walter bereits den dritten Sommer auf der Alm. Von der Terrasse, auf der uns zwar nicht Emil, aber diverse Gockel, Hennen und Katzen Gesellschaft leisten, genießt man den Blick auf die eindrucksvolle Gedererwand.

Spannende Pfade an der Gedererwand

Welch lohnendes Ziel: Direkt am „Kuhwegweiser“ führt ein unscheinbarer, nicht markierter Pfad in den Wald und auf den Berg zu. Wie die Türme einer uneinnehmbaren Festung ragen die näher rückenden senkrechten Felsnasen in den Himmel. In einem steilen Schuttfeld zieht der Weg scharf nach rechts, überwindet zur Freude der beiden Mädels kleinere Kletterfelsen und erreicht eine unscheinbare Einsattelung mit flachen Wiesen auf der Sonnenseite des Berges. Für die Besteigung der Gedererwand folgt man dem Weg nach links durch lichten Wald empor. Bis zum Gipfel müssen noch zwei größere „Kamelbuckel“ überschritten werden, die – nach Norden Tiefblick, nach Süden Kampenwandblick bietend! – auch bereits zur wohlverdienten Rast taugen. Der Pfad windet sich mit zweimaligem Gegenabstieg kurvenreich dem Ziel entgegen.

Einkehr in der Maisalm

Zurück an der Einsattelung, mündet man in den Fernwanderweg E4, der von der Kampenwand über die Maisalm Richtung Aschau führt. Vom großen Wegkreuz geht es in wenigen Minuten zur herrlich gelegenen Maisalm hinab. „Klein, fein, urgemütlich“ – so stellt das Hüttenteam seine Einkehr auf der Website vor. Kein Widerspruch, kann man auf der Terrasse doch zum Beispiel beim Verzehr eines Kaiserschmarrns mit Apfelmus so wunderbar die Seele baumeln lassen. Manchmal erblicken in dieser Almidylle auch kleine Lämmchen das Licht der Welt. Der Abstieg über das Wegkreuz zum Parkplatz ist auch nicht mehr weit, was zumindest für die „Blasen-Isi“ eine sehr gute Nachricht ist.

Maisalm 🏠

Inhaberin Maria Dräxl

Adresse Bergseite Ost, 83029 Aschau

Telefon 0 80 34 - 78 81

Mail info@mais-alm.de

Web www.mais-alm.de

geöffnet April bis Okt. Di.–Sa. 10.30–21, So. / Fei –18 Uhr, Dez. bis März Fr. ab 14, Sa. / So. ab 11 Uhr

Schmankerltipp Leberspätzlesuppe (3 €), Käsespätzle mit Röstzwiebeln (6,50 €), Kaiserschmarrn mit Apfelmus oder Preiselbeeren (6,90 €), Kuchen (2,20 €)

Endspurt: Nur wenige Meter noch bis zur wohlverdienten Stärkung in der Maisalm …

Aktivität: Bergwanderung | Gastronomie: „So schmecken die Berge!“

Hochgenuss mit Gütesiegel

Abstiegs-Wanderung von der Hochries

Auf der Homepage der Hochriesbahn bewältigt man die Bergfahrt in einem Zeitraffer von wenigen Sekunden. Doch wer vor Ort mit der Sesselbahn im Zeitlupentempo zur Mittelstation schwebt, bekommt ein ganz anderes Zeitgefühl. Dafür kann man von der Sesselloge in aller Ruhe jene Biker beobachten, die die bequeme Aufstiegshilfe für einen rasanten Downhill über Sprungschanzen und durch rassige Kurven im direkt unter dem Lift verlaufenden Bikepark nutzen. Etwas zügiger geht es dann mit der Kabinenbahn in Richtung Gipfel weiter. Und nach dem Panoramagenuss auf der Hochries lohnt der Abstecher zur Riesenhütte, welche die DAV-Gütesiegel „Mit Kindern auf Hütten“ und „So schmecken die Berge!“ erhalten hat.

Grandioses Bergpanorama

Von der Bergstation steigt man noch ein kurzes Stück bis zum Gipfel hoch, um sich auf der Terrasse der Hochrieshütte oder auf den umliegenden Wiesen ein schönes Plätzchen für die Gipfelschau zu suchen. Der Blick reicht über das Kaisergebirge und die Kitzbüheler Alpen bis zu den Hohen Tauern und Zillertaler Alpen, im Osten tauchen hinter den Chiemgauer Bergen die Berchtesgadener Alpen auf. Nordwärts blickt man in die weite Ebene direkt auf den Chiemsee hinab, wo sich bei schönem Wetter zahlreiche Segelboote als weiße Tupfer abheben. Auch die Hochebene unterhalb des Gipfels mit der Riesenhütte (1346 m) ist bereits auszumachen. Ein gut markierter Steig führt in etwa einer halben Stunde durch lichten Wald hinab. Nach Passieren der Riesenalmen erreichen wir die fast ganzjährig bewirtschaftete AV-Hütte.

Noch sind genügend Plätze auf der Terrasse der Riesenhütte frei. Die Hütte ist sehr gastfreundlich und setzt auf schmackhaftes Essen. Im Hintergrund die Hochries

Familienfreundlicher Hüttentreff

Bei Schönwetter sind die sonnigen Terrassenplätze rasch gefüllt. Im Sommer schützt ein Zaun die Besucher vor den neugierigen Kühen, die ihren täglichen Beitrag zu der häufig angebotenen Buttermilch mit Brombeerpüree leisten. Das DAV-Gütesiegel „So schmecken die Berge!" verpflichtet zur Verwendung regionaler Produkte, die Würstl vom Lamm stammen ebenso vom Chiemgauer Metzger wie die saftigen Fleischpflanzerl. Sehr zu empfehlen ist auch der Kaiserschmarrn mit Zwetschgenröster, dessen Zubereitung jedoch ein wenig Zeit erfordert. Frühstücksgäste werden unter anderem mit hausgemachten Marmeladen verwöhnt. Und für die beliebten Vollmond-Menüs muss man sich schon Monate im Voraus einen Platz reservieren.

Seit Juli 2008 sorgen die gebürtige Münchnerin Monika und der Steirer Alexander mit viel Hingabe und Charme dafür, dass sich die Gäste auf Anhieb wohlfühlen. Die Riesenhütte ist sehr familienfreundlich: Die Kinder lernen bei der Aufstiegs-Rallye Flora und Fauna kennen (allerdings nur bei Start in Aschau), erforschen versteckte Höhlen, erfreuen sich am zuweilen entfachten Lagerfeuer und finden einen Spielplatz an der Zwergenhütte. Und im Winter lockt die spaßige Rodelpartie zur Frasdorfer Hütte (3,5 km); bei guten Schneeverhältnissen kann sogar bis Frasdorf abgefahren werden (7,2 km). Rodelverleih gibt es auf der Hütte.

Abstieg über die Ebersbergalm

Nach der Einkehr geht es etwa einen Kilometer flach zurück in Richtung Hochries, bevor wir am Fuß des Berges rechts dem beschilderten Abstieg nach Grainbach folgen. Wer es eilig hat, steigt direkt durch

Abstieg vom Hochries mit Blick auf die Kampenwand

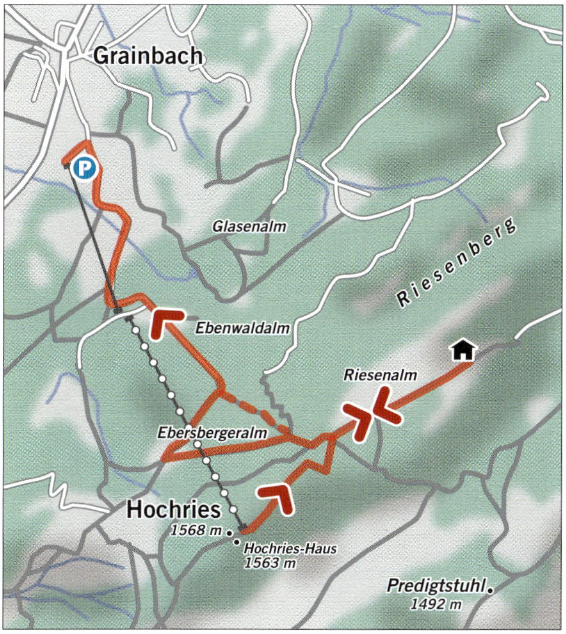

Aktivität	Bergwanderung
Gehzeit	2 ½ Std.
Höhenmeter	60 (Abstieg: 700)
Strecke	7 km

Route Hochries → Riesenhütte → Ebersbergergalm → Grainbach

Anfahrt

Auto A8 Ausfahrt Achenmühle / Samerberg / Törwang, über Grainbach der Beschilderung zur Hochriesbahn folgen

Navigation N 47.769907°, E 12.235519°

Charakter Von der Bergstation kurzer Anstieg zur aussichtsreichen Hochries, dann Überwiegend bequeme Abstiegs-Wanderung über diverse Almen und Hütten nach Grainbach. Nur der direkte Abstieg durch den Glenggraben ist etwas steiler.

Wegweiser Riesenhütte und Grainbach sind von der Hochries bestens beschildert (Abstieg über Ebersbergeralm 216b, über Glunggraben 216a)

Info Hochriesbahn, Tel. 0 80 32 - 975 50, Betriebszeit Ende März bis Anfang Nov., Bergfahrt Sessel- und Kabinenbahn 12 €, www.hochriesbahn.de

Karte Kompass-Wanderkarte Nr. 10, Chiemsee Simssee, 1:50.000

den Grunggraben ab. Länger und entspannter aber ist der Umweg über die Ebersbergeralm, wo sich der Wald auch wieder lichtet. Diese Route kreuzt zweimal unterhalb der Seilbahn hindurch, weshalb wir sie beim Hochfahren bereits „studieren" können. Kurz vor Erreichen des breiten Almwegs führen beide Routen wieder zusammen. Jenseits von Käseralm und Mittelstation geht es parallel zu Sessellift und Bikeparcours zur Talstation hinab.

Ein optischer und geschmacklicher Reiz: Spinatknödel auf Tomatenbett …

Riesenhütte

Inhaber	Monika Becht und Alexander Egger
Adresse	Postfach 2, 83110 Frasdorf
Telefon	0 80 52 - 29 21
Mail	info@riesenhuette.de
Web	www.riesenhuette.de
geöffnet	Ganzjährig außer März und November

Übernachtung 14 Zimmer- und 26 Matratzenlager

Schmankerltipp Kaspressknödelsuppe (4,50 €), 2 Spinatknödel auf Tomatenbett mit Käse gratiniert (6,90 €), 2 Lammwürstl mit Sauerkraut (7,90 €), Kaiserschmarrn mit Zwetschgenröster (7,90 €)

Restaurants & Gasthäuser

Sommerliches Radeln an der Wieskirche, „Schneewolke" am Breitenstein, Badeeinheit im Staffelsee

Aktivität: Radtour | Gastronomie: Wildspezialitäten, Kräuterküche

Frühlingsimpression an der Würm im Süden von Gauting nahe der Reismühle

Wohlfühloase im Süden von München

Radtour in das Würmtal und den Forstenrieder Park

Wie oft waren wir schon bei diversen Radausflügen von München in das Fünfseenland am Forsthaus Kasten vorbeigeradelt, hatten die zwei Esel, Schafe, Ziegen und Hasen im Gelände beobachtet, Kinder auf dem Bungee-Trampolin herumtoben sehen oder uns einfach in den schönen Biergarten gesetzt, mal Bier trinkend, mal Schach spielend. Aber auf die Idee, dass man im Forsthaus auch gut tafeln kann, waren wir nie gekommen – bis uns eine Bekannte auf die Einkehr aufmerksam machte, die im Wettbewerb „Bayerische Küche" 2010 mit Gold ausgezeichnet wurde.

Anfahrt mit dem Rad

Da das Forst Kasten inmitten der Natur liegt, bietet sich eine Radtour an. Vom Bahnhof Harthaus gelangt man auf folgender Route in den Kreuzlinger Forst: Hubertusstraße, Hartstraße, Widmannstraße, Waldstraße, Planegger Straße und Neue Gautinger Straße. Dann geht es – nach Überqueren der A96 – durch den Wald (Ww. Planegg/Krailling) am Waldsanatorium vorbei und halbrechts haltend nach Krailling; kurz nach der S-Bahn-Unterführung stößt man am Maibaum

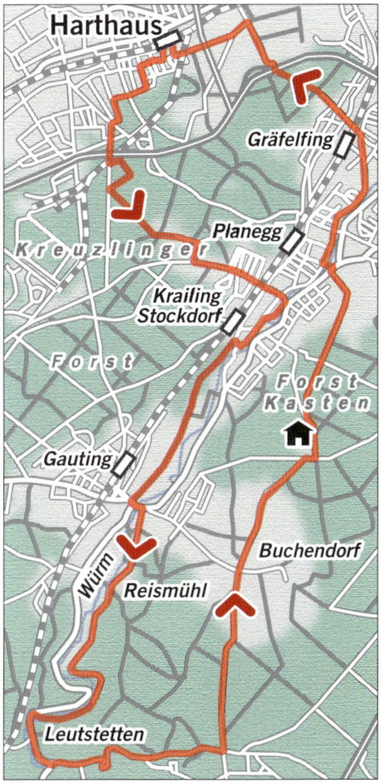

Aktivität Radtour
Fahrzeit 3 Std.
Strecke 38 km

Route Harthaus → Gauting → Leutstetten → Forst Kasten → Gräfelfing → Freiham → Harthaus

Anfahrt

ÖVM Mit der S 5 Richtung Herrsching nach Harthaus

Auto Von Pasing auf der Bodenseestraße zum S-Bahn-Parkplatz

Navigation N 48.133215°, 11.388016°

Charakter Die gemütliche Radtour im Südwesten von München verläuft wechselweise durch verkehrsberuhigte Siedlungsgebiete und schöne Waldpassagen, landschaftlicher Höhepunkt ist der malerische Flussabschnitt im Würmtal. Häufig Kiesbelag

Wegweiser Im Würmtal Richtung Starnberger See

Karte ADFC-RK München / Alpenvorland, 1:75 000

An manchen Stellen verläuft der Radweg direkt am Fluss.

Johann Barsys Heidschnucken weiden auf den saftigen Forsthauswiesen.

auf den Radwanderweg nach Starnberg. Hinter Gauting – am Mühlrad wird die Würm überquert – verengt sich das Würmtal zu einer malerischen Flusslandschaft, bevor wir das Tal über den Leutstettener Biergarten wieder verlassen. Nach leichtem Anstieg gelangt man auf den Kreisradwanderweg; hier links abbiegen und stets geradeaus über Buchendorf auf der Neurieder Straße zum Forsthaus Kasten.

Ob der Biergarten geöffnet hat, kann man im Zweifelsfall der Forsthaus-Website entnehmen.

Junghirschbraten mit süß-sauren Zwetschgen

(für 4 Personen)

Zutaten Junghirschbraten: etwa 1 kg Junghirschbratenstück von der Keule, 2 EL Fett zum Braten, 2 Zwiebeln, Knoblauch, 2 Karotten, ¼ Sellerie, ½ Lauch, 1 EL Tomatenmark, ½ l Rotwein, Wildfond oder Gemüsebrühe, Salbei, Rosmarin, Thymian, Wacholder, Piment, Pfefferkörner, Nelke, Lorbeer, etwas Stärkemehl, 2–3 EL Johannisbeergelee, Salz

Zubereitung Junghirschbraten: Junghirschbratenstück salzen, anbraten und aus dem Topf nehmen. Die Gemüse in Stücke schneiden, mit dem Tomatenmark anrösten und mit dem Fond ablöschen. Den Vorgang so oft wiederholen, bis sich die Masse vom Roten ins Bräunliche verfärbt. Dann mit der restlichen Flüssigkeit aufgießen. Das Fleisch zugeben und ca. 1 ½ bis 2 Std. köcheln lassen. Das Fleisch ist fertig, wenn es beim Anstechen leicht von der Gabel rutscht. Die Gewürze etwa ½ Std. in der Soße mitziehen lassen. Die Stärke mit etwas Wasser anrühren und damit die Soße binden, dann passieren und mit dem Johannisbeergelee sowie etwas Salz abschmecken. Als Beilagen eignen sich Rosenkohl oder Blaukraut, Fingernudeln, Spätzle oder Semmelknödel.

Zutaten süß-saure Zwetschgen: 200 ml Zwetschgensaft, 5 Stangen Zimt, 10 Nelken, 5 Sternanis, 1 Msp. Cayenne, 250 g Zucker, 200 g Obstessig, 500 g Zwetschgen

Zubereitung süß-saure Zwetschgen: Den Saft mit den Gewürzen aufkochen, ziehen lassen und passieren. Den Gewürzsud mit dem Essig und Zucker aufkochen und über die Zwetschgen gießen. Am nächsten Tag den Saft abgießen, aufkochen und wieder heiß über die Zwetschgen schütten. Den Vorgang 3–4 Tage wiederholen. Beim letzten Mal heiß in Gläser füllen und luftdicht verschließen.

Tipp!

Erfrischend anti-alkoholisch!

Je nach Jahreszeit offeriert das Forsthaus Kasten wärmende oder erfrischende Mixgetränke aus hausgemachtem Sirup ohne Verwendung von Zusatzstoffen. Während im Winter heiße Ingwer-Orange-, Bratapfel- oder Weihnachtsquitten-Schorlen regen Absatz finden, löschen im Sommer Himbeer-Holunder-, Löwenzahn-, Waldmeister- oder Rhabarber-Ingwer-Schorlen den Durst.

Goldmedaille für vorzügliches Essen

Im Forsthaus Kasten wechselt das Angebot je nach Jahreszeit. Was auf Anhieb sympathisch und vertrauenerweckend wirkt, ist der offene Umgang des Forsthauses mit seinen Fleisch-, Obst- und Gemüselieferanten quasi im Vorwort der Speisekarte. Durch die Züchtung von Heidschnucken und das Anlegen eines Kräutergartens kann Chefkoch Johann Barsy gar auf hauseigene Produkte zurückgreifen. Da er die Gerichte stets fantasievoll kreiert und mit frischen Zutaten verfeinert, ist die Goldmedaille im „Wettbewerb bayerische Küche 2010" die logische Konsequenz! Als Vorspeise könnte es eine feine Rote-Beete-Suppe mit Topfen- und Meerrettichnockerl geben; ein Beleg dafür, dass gesundes Essen auch richtig gut schmecken kann – auch wenn die poppig rosa Farbe anfangs ein wenig irritiert. Der am Tisch flambierte, mit Früchten dekorierte Wildspieß ist allerdings inzwischen

Hausgebeizte Lachsforelle mit Rösti

Geschichte, da es beim Prozedere mal ein kleines Malheur gab. Dafür läuten frische Marktgemüse wahlweise mit zweierlei Fisch, einem Steak vom Junghirschfilet, einem Schweinefilet oder als vegetarisches Essen den Frühling ein. Vegetarier finden übrigens immer schmackhafte Gerichte wie mit Gemüseragout gefüllte und mit Büffelmozzarella überbackene Kräuterpfannkuchen auf der Speisekarte. Und zum Schluss gab es noch den hausgemachten Gewürzlikör vom Wiesnbier.

Nach der Einkehr rollt man bequem durch den Forst nach Stockdorf. Nach Überqueren der Würm geht es rechts auf dem Würmtalradweg nach Gräfelfing, wo nach links die Steinkirchner Straße zum Bahnhof abzweigt. Hinter der Bahnunterführung folgt man rechts der Freihamer Straße durch Wald nach Freiham. Noch vor dem Biergarten geht es links in den Harthauser Weg über die neue Autobahntrasse und rechts haltend zum S-Bahnhof Harthaus zurück.

Forsthaus Kasten

Inhaber Johanna und Johann Barsy
Küchenchef Johann Barsy

Küche	Wildspezialitäten
Adresse	82131 Gauting
Telefon	089-8500360
Mail	info@forst-kasten.de
Web	www.forst-kasten.de (mit Lieferantennachweis)
geöffnet	Mai bis Sept. Di.–So. 11–23 Uhr, Okt. bis April Mi.–So. 11–23 Uhr, im Januar und Februar geschlossen

Event Forst Kasten veranstaltet neben Frühjahrs-, und Weinfest sowie Nikolaus- und Weihnachtsmarkt auch Musikevents.

Tipp mit Kids Für Kinder ist viel geboten: Neben dem Abenteuerspielplatz, dem Funpark mit Hüpfburgen, Eseln und Schafen im Gehege sowie Minigolf können sie ab Spätsommer auch das 3 Hektar große Maislabyrinth erkunden.

Schmankerltipp Gemüse-Currysuppe mit Räucherfisch (4,90 €), Frühlings-Küchenimprovisation von verschiedenen marktfrischen Gemüsen mit zweierlei Fisch (17,50 €), Wildpfandl – Erlesenes aus Wald und Flur mit gebratenen Schwammerl, Gemüse und Fingernudeln (21,50 €), gefüllte Datteln in Caramelsahne mit Walnusseis (Probierportion 4,80 €)

Aktivität: Radtour | Gastronomie: Fischspezialitäten

Fischgenuss mit frischer Seeluft

Radrundtour am Ostufer des Starnberger Sees

Für einen Septemberabend war es zwar ganz schön frisch, doch wir blieben dennoch bis zuletzt auf der schönen Terrasse sitzen. Das Laub der alten Eschen raschelte dezent im Wind, ansonsten herrschte absolute Stille. Noch ein letztes Schlückchen von dem guten Chardonnay, dann ein paar Schritte zum Privatsteg des Gastgebers und ab in den See. Mit dem köstlich-leichten Fisch im Magen ließ es sich locker noch ein paar Schwimmzüge machen. Bestimmt waren wir gerade die Einzigen im ganzen See, der trotz der entfernten Lichter in Seeshaupt, Bernried und Tutzing im absoluten Dunkel lag.

An der Votivkapelle im Schlosspark von Berg erinnert ein Gedenkkreuz an den hier verstorbenen König Ludwig II.

Aktivität Radtour
Fahrzeit 3 ½ Std.
Strecke 40 km

Route Leutstetten (Starnberg) → Kempfenhausen → Ambach → Münsing → Bachhausen → Leutstetten (Starnberg)

Anfahrt

ÖVM Mit der S 6 nach Starnberg Nord

Auto Über Gauting nach Leutstetten; A 952 nach Starnberg, Parkmöglichkeiten in Percha

Navigation N 48.0024°, E 11.36379°

Charakter Da die Rundtour über weite Strecken durch Wald oder am schattigen Seeufer entlang führt, eignet sie sich auch für heiße Tage. Ein längerer Anstieg ist nur nach Münsing zu bewältigen.

Wegweiser Erholungsgebiete Kempfenhausen und Ambach (Ammerland)

Karte ADFC-RK Bayer. Seen

Tipp Von Ambach kann man auch gemütlich mit der Fähre nach Starnberg zurückfahren und die Seeidylle genießen (Info: www.bayerische-seenschifffahrt.de).

Entspanntes Radeln am Ostufer des Starnberger Sees

Ferienstimmung vor den Toren Münchens

Ambach ist einer der reizvollsten Orte am Starnberger See, auch weil hier keine lärmende Verkehrsstraße die wohltuende Ruhe stört. Kein Wunder, dass das Landhotel Huber am See selbst aus dem nahen München regelmäßig Stammgäste begrüßt, die an diesem herrlichen Fleckchen ihren Kurzurlaub verbringen. Das Leitmotiv dieses Buches – „aktiv sein und schlemmen“ – kann hier jedenfalls perfekt vollzogen werden.

Zum Beispiel im Rahmen einer Radrundtour am Ostufer des Starnberger Sees. Geeigneter Ausgangsort ist Starnberg oder auch Leutstetten. Von dort stößt man nur knapp zwei Kilometer südlich auf die Villa Rustica, ein römischer Gutshof, der inmitten des Naturschutzgebietes freigelegt wurde und durch Glasscheiben begutachtet werden kann. Bei der Weiterfahrt zum Starnberger See überrascht nicht nur die römische Kultur am Wegesrand, sondern auch der mustergültig angelegte Radparcour. Wo sich einst verstreute

Blick auf die Terrasse des Landhotels Huber

Wanderer auf schilfumsäumten Pfaden noch feuchte Füße holten, pedalen heute die Biker über feinen Kies und großzügige Steganlagen bis Heimatshausen durch das schöne Moos.

Im Kempfenhausener Erholungsgebiet ist an schönen Wochenenden auf den Liegewiesen zwischen Badegästen und Kanadagänsen kaum mehr ein Platz zu ergattern, ebenso gut besucht ist die Beach-Volleyballanlage im hinteren Teil des Parks. Der Radfahrer kann den Park unter Rücksichtnahme auf Fußgänger bequem durchqueren. Am südlichen Ausgang müssen ein paar Stufen erklommen werden, dann geht es auf der Seebreite nach Berg. Nächstes Ziel ist nach kurzer, heftiger Steigung die Votivkapelle im Schlosspark von Berg.

Die Kapelle wurde zum Gedenken an König Ludwig II errichtet, der am 13. Juni 1886 am nahen Seeufer zusammen mit seinem behandelnden Arzt tot aufgefunden worden war. Zwischen Berg und Ammerland ist die Uferstraße für den Durchgangsverkehr gesperrt, sodass sich Radfahrer und wenige Inlineskater diese erholsame Strecke teilen. In Ambach schieben wir unsere Räder dann von der Seeleitn in den Biergarten des Landhotels Huber am See.

Kochkunst aus Leidenschaft

Der Küchenchef Michael Wendl ist gerade bei schönem Wetter ob des Andrangs voll gefordert. Eine seiner Vorlieben ist die Zubereitung von schmackhaften Fischgerichten: Wie er die Ambacher Fischsupperl zubereitet, verrät er uns in nebenstehendem Rezept. Wörtlich genommen werden darf beim Huber am See auch das Leitmotiv: „Das Auge isst mit“. Das Ambacher Fischpfandl etwa lässt ob der liebevollen Dekoration von Fisch und Beilagen schon beim Anblick das Wasser im Mund zusammenlaufen. Zum Fisch passt ein trockener Weißwein aus dem gut bestückten Weinkeller.

Der Küchenchef bezieht die Fische vorrangig vom Starnberger See, der Onkel von nebenan sorgt stets für frischen Nachschub und ist auch für das Räuchern zuständig. Besonders viele Renken zieht der Fischer jedoch nicht aus dem Wasser, das inzwischen für den Algenwuchs zu sauber ist und somit den Fischen eine wichtige Nahrungsgrundlage entzieht. Der Badegast hingegen erfreut sich an der hervorragenden Wasserqualität.

Ein anderer Hausklassiker ist Hubers Grillteller, bei dem ein pikant gewürztes Schweinekotelett, Grillwürste und eine Speckscheibe mit Kräuterbutter, Dips, Pommes frites und Blattsalat

Landhotel Huber am See

Inhaber Ingrid Sebald-Wendl und Michael Wendl
Küchenchef Michael Wendl

Adresse Holzbergstraße 7, 82541 Ambach am Starnberger See

Telefon 081 77-93 20

Mail info@landhotel-huber.de

Web www.landhotel-huber.de

geöffnet Täglich ab 11.30 Uhr

Übernachtung EZ und DZ im Landhotel

Event 3. Advent-Wochenende Weihnachtsmarkt mit Hobby Handwerkern

Wellness-Tipp Fuß-, Teil-, und Ganzkörpermassagen, Chi Maschine, Ayurveda Behandlungen (nur mit Terminvereinbarung möglich)

Schmankerltipp Eingelegter Klosterkäse (8,50 €), Huber's Fischsuppe mit verschiedenen Edelfischen (Vorspeise 7,50 €, große Portion 18,50 €), Ambacher Schlemmerpfandl – Schweinefilet vom Grill in Pfefferrahmsoße mit Röstkartoffeln und frischem Marktsalat (15,90 €), Kaiserschmarrn mit Apfelmus (8,90 €)

Ambacher Fischsupperl von frischen Edelfischen

Zutaten: 400 g Filet von Zander, Saibling, Hecht und Birschling, feste Fische, wie Wolfsbarsch, Petersfisch, Knurrhahn usw. Die Filets in 2 cm große Stücke schneiden (evtl. Flusskrebse oder Garnelen). Die Gräten für den Fischfonds auskochen.
300 g feine Gemüsestreifen (Lauch, Sellerie, Karotten), Tomatenwürfel von zwei Tomaten, 1 TL Tomatenmark, 1 Knoblauchzehe, 1 Zwiebel, 0,25 l Weißwein (trocken), 0,1 l Olivenöl, 1 l Fischfond, Zitronensaft von einer Zitrone, Salz, Pfeffer aus der Mühle, frische Kräuter (Petersilie, Basilikum, Kerbel)

Zubereitung: Zwiebelwürfel im Olivenöl anschwitzen, die Fische, Gemüsestreifen und Knoblauch zugeben. Das Ganze mit Salz und Pfeffer würzen. Tomatenwürfel und Tomatenmark hinzufügen und anbraten, mit Weißwein ablöschen. Mit dem Fischfond auffüllen und ca. 5–7 Min. kochen lassen. Zum Schluss mit Zitronensaft und frisch gehackten Kräutern abschmecken.

gereicht werden. Nach dem Dessert – zur Wahl stehen beispielsweise Kuchen aus der hauseigenen Konditorei – macht man sich auf den Rückweg in Richtung Starnberg. Am besten fährt man auf der Seeleitn nach Ammerland zurück und dort rechts nach Münsing hinauf. Im Ortszentrum geht es an der Ampelkreuzung links in Richtung Höhenrain, bevor der beschilderte Radweg über das Gehöft Schwabbrück nach Bachhausen abzweigt. Der angenehm schattige Forstweg führt über den Georgiweg und die Biberkorstraße in den Ort. Von Farchach fährt man auf dem bekiesten Bachjägerweg und der Haarkirchener Straße nach Percha ab. Dort geht es auf bekanntem Weg nach Leutstetten zurück.

Alternativ zur Radroute kann man auch von Ammerland bequem mit dem Dampfer nach Starnberg zurückfahren. Informationen über Fahrzeiten und -preise erhält man im Internet unter www.bayerische-seenschifffahrt.de.

See-Idylle am Privatsteg des Landhotels Huber

Aktivität: Wanderung | Gastronomie: bayerisch

Biergarten-Oase mit Seeblick

Wanderung von Starnberg zum Maisinger See

Der Maisinger See ist kein natürliches Gewässer, sondern aus der Not geboren. Mönche legten ihn im Jahr 1680 an, um die Hunger leidende Bevölkerung mit Fisch zu versorgen. Zwar droht der See durch den Schilfwuchs zunehmend zu verlanden, doch noch finden die Fische ausreichend Lebensraum. Das traditionelle Abfischen von Karpfen und Schleien, wofür man eigens das Seewasser ablässt, findet jedoch nur noch alle fünf Jahre zum Saisonfinale im Oktober statt. Auf den hausgeräucherten Fisch muss der Wanderer im Maisinger Seehof dennoch nicht verzichten.

Wanderer in der Maisinger Schlucht

Unterwegs in der Maisinger Schlucht

Die Wanderung durch die Maisinger Schlucht zum See beginnt am Starnberger Wasserwerk. Wer mit der S-Bahn nach Starnberg fährt, erreicht den Wanderparkplatz auf der Bahnhofstraße sowie nach Überqueren der Weilheimer Straße auf Söckinger und Maisinger-Schlucht-Straße. Die Maisinger Schlucht versorgt Starnberg mit frischem Trinkwasser, darüber hinaus fühlt sich in diesem wertvollen Biotop die seltene Wasseramsel ebenso wohl wie die gelbe Schwertlilie.

Nach Passieren der weißen Kapelle dringt man immer tiefer in die Schlucht ein. Die verrosteten Warntafeln, die auf militärischen Sperrbereich hinweisen, sind ebenso wenig ernst

Aktivität Wanderung
Gehzeit 3 Std.
Strecke 9 km (Bahnhof: 11 km)

Route Starnberg → Maising → Maisinger See → Starnberg

Anfahrt

ÖVM Mit der S 6 nach Starnberg

Auto A95 geradewegs nach Starnberg, rechts in die Söckinger Straße und links in die Maisinger-Schlucht-Straße bis zum Parkplatz

Navigation N 47.997561°, E 11.329737°

Charakter Kurzweiliger, nur leicht ansteigender Wanderweg durch die Maisinger Schlucht. Das letzte Teilstück verläuft von Maising über saftige Wiesen.

Karte Kompass-WK Nr. 180 Starnberger-/Ammersee, 1:50.000

Wander-Tipp Als Zugabe lohnt die Umrundung des Maisinger Sees. Vom Maisinger See kann man auch auf schöner Route zum S-Bahnhof Possenhofen weiterwandern (Streckentour).

Badespaß am Maisinger See

Biergartenfreuden am Maisinger Seehof

zu nehmen wie etwaige Regengüsse; zur Not stellt man sich in den kleinen Höhlen unter. Bei Starkregen hingegen kann der ansonsten friedvoll vor sich hin plätschernde Bach zum wilden Ungeheuer mutieren. Bald weitet sich die Schlucht und man erreicht auf dem König-Ludwig-Weg den Ort Maising. Von der Dorfkirche führt ein schöner Wiesenweg zum Maisinger See.

Kochen mit Starnberger-Land-Produkten

Wenn das Wetter mitspielt, ist im Biergarten des Maisinger Seehofs viel los. Dann stellen sich die Wirtsleute zeitweise selbst hinter die Schänke und zapfen frisches Bier. Das Essen bestellt man am Küchenfenster und bekommt eine Nummer zugeordnet, die nach einigen Minuten aufgerufen wird. Wer beim Speisen den Sprungturm an der kleinen Badestelle beobachten will, sucht sich einen der Logenplätze auf dem Damm zwischen Einkehr und See aus.

Zwar ist die Auswahl an Tagesgerichten begrenzt, doch dafür bürgt die Küche für Qualität. Michael Smolka und Rupert Wachter setzen beim Wareneinkauf auf Starnberger-Land-Produkte, die ohne Wachstumsregler, Pflanzenschutzmittel oder Genmanipulation auskommen. Das Fleisch stammt von Tieren, die ausschließlich mit heimischen Futtermitteln heranwachsen. Das Wiener Schnitzel etwa ist nicht nur frisch, sondern wird nach der Bestellung einzeln ausgebacken. Sämtliche Beilagen, Soßen und Salatdressings werden eigens zubereitet. Purer Luxus für einen nur auf den ersten Blick gewöhnlichen Biergarten.

Hervorzuheben ist auch die eigene Räucherei des Maisinger Seehofs. Der hausgeräucherte Bachsaibling etwa wird kalt mit frischem, knackigem Salat serviert und ist sehr schmackhaft. Nach dem Saisonfinale Ende Oktober tauchen die Wirtsleute in die lange Winterpause ab. Nicht ganz: Die wahren Insider freuen sich auf den von Hand gebeizten und mild-würzig in der Räucherei verfeinerten Alaska-Wildlachs während der Adventszeit. Das Maisinger Schmankerl dient einigen als Trost für die Überbrückung der Wintermonate bis zum kommenden Frühjahr.

Maisinger Seehof

Inhaber Michael Smolka und Rupert Wachter
Küchenchef Michael Smolka

Adresse	Seestr. 14, 82343 Maising-Pöcking
Telefon	08151-744242
Mail	info@maisingerseehof.de
Web	www.maisingerseehof.de
geöffnet	April bis Mitte Oktober täglich außer Mo.; Küche bis 21 Uhr, Ausschank bis 22 Uhr; witterungsbedingte Abweichungen möglich

Schmankerltipp Bachsaibling, hausgeräuchert mit gemischtem Salat (12,90 €), Schnitzel Wiener Art vom Schwein mit Pommes frites oder Kartoffelsalat (8,30 €), bunter Salatteller mit gebratenen Putenbruststreifen (8,60 €), Kaiserschmarrn mit Apfelmus (7 €)

Aktivität: Wanderung | Gastronomie: bayerisch

Flucht vor dem Pilgerstrom

Wanderung bei Herrsching am Ammersee

Wenn diese strahlend schönen Sonntage ins Land ziehen, herrscht im Oberland der ganz normale Wahnsinn. Zum Beispiel, wenn das Thermometer im März erstmals die 20-Grad-Marke überschreitet und die Menschen sich vom Frühling berauscht an den Seeufern auf die Füße treten. Oder zu Tausenden von Herrsching zum Kloster Andechs pilgern. Nicht mit uns: Nach anfänglichem Trubel ziehen wir uns in das ruhige Hinterland zurück. Und entdecken unterwegs den einladenden Landgasthof …

Das Gedränge in der S-Bahn ist an solchen Tagen in etwa so groß wie jenes in der U-Bahn nach einem ausverkauften Fußballspiel in der Fröttmaninger Arena. An der Endstation Herrsching teilt sich die Menge in zwei Ströme auf: Der eine zieht zur nahen Seepromenade, wo sich an den Eisdielen lange Schlangen bilden; der andere pilgert in Erwartung einer „bierigen" Glückseligkeit zum etwa vier Kilometer entfernten Kloster Andechs.

Wanderweg zwischen Frieding und Widdersberg

Anstieg im Kiental

Andechs ist so gut beschildert, dass selbst Orientierungslose die Route am Kienbach finden. Auch wir wandern etwa eine halbe Stunde auf dem Pilgerweg, bevor wir nach links in einen Waldweg biegen – als Wegweiser dient das in einen Buchenstamm geritzte „AP". Der steile Anstieg endet an einem Graben, der im Frühjahr von reichlich Bärlauch überwuchert ist. Nach Durchschreiten des Grabens halten wir uns rechts und wandern erst am Rand der Böschung entlang, dann über die Wiese direkt auf die Straße zu.

Nach Überqueren der Straße setzen wir die Wanderung auf dem Forst- und Landwirtschaftsweg fort. An der folgenden Kreuzung folgen wir dem Hauptweg nach Norden (Wegweiser „Frieding"), bevor wir auf Höhe der Baumschule Gustav Moser links in einen Waldpfad biegen. Dieser führt stets in Nähe des Waldrandes zuletzt mit Blick auf den Egelsee zur beschilderten Route nach Frieding.

Artgerechte Mutterkuh-Haltung

In Frieding führt am bunt bemalten Haus der Hurtenstraße 14 ein kurzer Treppenweg zum Oberen Wirt zum Queri. Der Landgasthof setzt seit der Pachtübernahme von Hans Martin Bauer

Der Obere Wirt zum Queri

Inhaber und Küchenchef Hans Martin Bauer

Adresse Georg-Queri-Ring 9, 82346 Andechs-Frieding

Telefon 081 52 - 918 30

Mail info@queri.de

Web www.queri.de

geöffnet Täglich 11–22 Uhr durchgehend warme Küche, Mo. Ruhetag

Übernachtung 14 gemütliche Zimmer

Schmankerltipp An Queri sei Lieblingsschnitzel, gefüllt mit frischem Spinat und Andechser Rahmkäse, dazu Petersilienkartoffeln und Beilagensalat (13,60 €), Dunkelbier-Tiramisu (5,10 €)

im Januar 2008 auf ein vielversprechendes Konzept: Ware regionaler Herkunft, keine Verwendung von Geschmacksverstärkern und Qualitäts-Rindfleisch aus der eigenen artgerechten Haltung. Die 32 Mutterkühe weiden nebst Stier nur einen Steinwurf entfernt auf den Wiesen bei Drößling, wo der Wirt im landwirtschaftlichen Betrieb seiner Eltern aufgewachsen ist. Kein Wunder also, dass das Fleisch vom Angus-Weiderind aus der eigenen biozertifizierten Mutterkuh-Haltung wunderbar zart ist. Die Schlachtung führt Hans Martin Bauer im eigenen Hof durch, wodurch den Tieren der stressige Transport erspart bleibt. Um die organisatorischen Belange kümmert sich seine Lebensgefährtin Nicole Rosemann, eine Kölner Betriebswirtin.

Ausblick vom Höhenrücken

Von Widdersberg geht es auf der Dorfstraße zum Fischweiher hinab und auf dem Teerweg in Richtung Andechs. Vom Höhenweg ergibt sich ein schöner Blick auf den Pilsensee. An zwei Weggabelung halten wir uns jeweils rechts und erreichen die Siedlung Weinberg bei Herrsching. Nach einem kurzen Stück entlang der Seefelder Straße biegen wir links in die Kientalstraße und stoßen auf die beschilderte Route zum S-Bahnhof.

Am Widdersberger Weiher wendet sich die Route gen Süden, es folgt ein schöner Panorama- und Waldabschnitt bis Herrsching.

Stille Genießer an der Herrschinger Promenade

Aktivität	Wanderung
Gehzeit	3 Std.
Strecke	12 km

Route Herrsching → Kiental → Frieding → Widdersberg → Herrsching

Anfahrt

ÖVM Mit der S 5 von München nach Herrsching

Auto Autobahn A 96 Ausfahrt Weßling und über Seefeld nach Herrsching. Parkmöglichkeiten im Ort

Navigation N 47.998552, E 11.170971°

Charakter Nach dem bei Schönwetter stark frequentierten Aufstieg im Kiental wird die Wanderung deutlich ruhiger. Wechsel zwischen Waldpassagen oberhalb von Herrsching und weitläufiger Feld- und Wiesenlandschaft

Wegweiser Gut beschildert ist nur der Weg von Herrsching nach Andechs.

Karte Kompass-Wk 0180 Fünfseenland, Landkreis Starnberg, 1:50.000

Aktivität: Wanderung | Gastronomie: Fisch- und Wildgerichte

Beim Jäger und Sammler

Wanderung Höllriegelskreuth – Schäftlarn

Vor den Toren Münchens zeigt die Isar vor allem am Georgenstein ihr wildes Gesicht. Hier müssen Floß- und Kajakfahrer sowie wagemutige Schwimmer gleichermaßen vor gefährlichen Kehrströmungen auf der Hut sein. Romantische Grillabende auf den einladenden Kiesbänken sind selbst im Sommer Mangelware, weil diese idyllische Flusslandschaft zu weit von der Zivilisation entfernt ist. Doch warum Grillen, wenn beim Bruckenfischer sowohl im Biergarten als auch in der Stube so fein getafelt werden kann. Was Josef Wagner mit seinem Team an Fisch- und Wildgerichten auftischt, ist aller Ehren wert. Und dass die aus Icking stammende Serviceleiterin Vera bereits seit 17 Jahren im Haus arbeitet, spricht für das gute Betriebsklima.

Im Isartal gibt es viele Plätze zum Genießen und Verweilen.

Wege am Wasser im Isartal

Der Anmarsch zum Bruckenfischer durch das Isartal ist kurzweilig und schön. Vom Bahnhof Höllriegelskreuth wandert man 200 Meter entlang der Straße Richtung Osten, dann links über die Fußgängerbrücke zum Isarhochufer und weiter rechts den Treppensteig zur Grünwalder Brücke hinab. Im Isartal angekommen folgt man dem Fahrweg an der Gaststätte Brückenwirt vorbei am Isarkanal entlang zum Grünwalder Stauwehr. Noch vor dem Wehr zweigt rechts ein Weg ab und führt am Klettergarten vorbei in leichtem Auf und Ab zum Georgenstein.

Es folgt eine abwechslungsreiche Wegpassage durch schönen Buchenwald, auf der wir die Isar meist aus den Augen verlieren. Quellbäche und Waldtümpel bieten Hobbyfotografen reizvolle Motive. Schließlich queren wir auf verwinkeltem Pfad eine Bachschlucht und steigen nach einer Waldsenke an der Weggabelung links zu einem Anwesen hinab. Dahinter führt eine Holzbrücke zum Isardamm, auf dem die restliche Strecke mit Blick auf Kloster Schäftlarn zurückgelegt wird. Nach der Einkehr im Bruckenfischer wandert man auf dem Weg zum beschilderten Treppenanstieg zur S-Bahn am Kloster vorbei.

Isarforelle von der Aumühle

Wer so lange am Isarwasser entlanggewandert ist, verspürt vielleicht Appetit auf eine frische Isarforelle. Glücklicherweise hat sich der Fischbestand in der Isar in den letzten Jahren wieder erholt, auch weil durch die Treppeninstallation am Ickinger Stauwehr die Fischwanderung nicht mehr behindert wird. Der Königsfisch unter den Isarfischen – der Huchen oder auch sogenannte Donaulachs, der bis zu 140 Zentimeter lang und 25 Kilogramm schwer werden kann – wird jedoch selten aus dem Wasser gezogen. Natürlich darf man sich das Anglerglück auch mit den Forellen nicht so romantisch vorstellen – die meisten Fische stammen aus der Fischzucht Aumühle. Dennoch ist Josef Wagners mit Dill, Petersilie,

Herbstimpression am Georgenstein im Isartal

Aktivität	Wanderung
Gehzeit	3 Std.
Strecke	13 km

Route S-Bahnhof Höllriegelskreuth → Georgenstein im Isartal → Bruckenfischer → Kloster Schäftlarn → S-Bahnhof Schäftlarn-Ebenhausen

Anfahrt

ÖVM Mit der S 7 von München nach Höllriegelskreuth

Auto Auf der B 11 Richtung Wolfratshausen und von dort Richtung Grünwald abzweigen oder über die Grünwalder Brücke (Parkplatz am Bahnhof). Rückfahrt mit der S-Bahn

Navigation N 48.043216°, E 11.509767°

Charakter Streckenwanderung zwischen Grünwalder Brücke und Schäftlarn im Isartal. Die größtenteils bewaldete Route erlebt am Georgenstein ihren landschaftlichen Höhepunkt. Kleiner Anstieg zur S-Bahn in Schäftlarn

Wegweiser Im Zweifelsfall immer dem gelben Richtungspfeil folgen

Karte Kompass-WK 180 Starnberger See

Wander-Tipp Alternativ lohnt der gut markierte Rundweg „Natur" vom Parkplatz Bruckenfischer über Aumühle und Ickinger Wehr (9,8 km).

21 Egling | Gasthaus zum Bruckenfischer

Schattiger Gastgarten am Bruckenfischer mit Isarblick

Bruckenfischer

Inhaber Josef Wagner
Küchenchef Ronny Leupold

Adresse Dürnstein 1, 82544 Egling

Telefon 081 78-36 35

Mail bruckenfischer@t-online.de

Web www.bruckenfischer.de

geöffnet Täglich durchgehend warme Küche 11.30–21.30 Uhr

Schmankerltipp Ganze hausgeräucherte Isartal-Forelle mit Sahnemeerrettich, Zitrone und Salatgarnitur (10,90 €), Rotbarschfilet gebacken mit Kartoffel-Gurkensalat mit Remouladensoße (9,90 €), hausgemachtes Hollerko mit Mandelschaum überbacken, Pistazieneis (5,50 €), außerdem Wildgerichte aus eigener Jagd, Mi. Schnitzeltag (5,50 €), Fr. Forellentag (9,90 €)

Kerbel, Estragon und Schnittlauch gefüllte Kräuterforelle ein echter Isarfisch und nebenbei sehr schmackhaft. Kurz vor dem Servieren wird sie übrigens noch mit Knoblauchkräuterbutter und Zitrone beträufelt.

Über Fische und vor allem über Wild kann man sich mit Josef Wagner lange unterhalten. Denn der Gastronom ist begeisterter Hobbyjäger und somit während der Saison gerne auf der Pirsch. Seit 1987 hat er sein grünes Abitur, die Jägerprüfung, in der Tasche, bevorzugtes Jagdrevier ist Niederbayern. Im Herbst erlegt er mit seinen Jagdfreunden neben Hasen, Füll- und Wildenten bis zu zehn Fasane pro Treibjagd. Dabei schießt er vor allem die „Gockel“, um ein intaktes Brutverhalten zu ermöglichen. Es versteht sich von selbst, dass das Wild auf der Speisekarte aus der eigenen Jagd stammt. Zu seinem Jagdeifer passen übrigens die Bilder mit Wildtieren in freier Landschaft vom Grünwalder Maler Heinrich Wissner in der Stube, die bemerkenswerte Kaffeemühlensammlung hingegen entspringt seiner großen Sammlerleidenschaft.

Warmgeräucherter Lachs

Zutaten: 4 x 120 g Lachstranche, Lake aus 1 l Wasser, 40 g Salz, 4 Wacholderbeeren, 4 Pimentkörner, 2 Lorbeerblätter, 1 TL Senfkörner

Zubereitung: Senfkörner aufkochen und abkühlen lassen. Lachstranche in Lake einlegen und 24 Std. kühl stellen. Dann Fisch abtrocknen und im Ofen oder mit Sägemehl und restlichen Gewürzen im Topf räuchern: Hierfür Kuchengitter über Sägemehl legen, den Fisch auf das Gitter, Topfdeckel schließen und bei 80° 15–20 Min. erhitzen, bis der Topf zu rauchen anfängt. Zum Lachs Apfel, Sahnemeerrettich und evtl. Feldsalat reichen

Aktivität: Radtour, Ski-Langlauf | Gastronomie: bayerische und internationale Küche

Klein-Schwabing im Loisachtal

Radrundtour zwischen Icking und Münsing

Nur wenige Schritte vom Rittergütl ging einst der „Bulle von Tölz" alias Ottfried Fischer im Hollerhaus (Pension Resi) ein und aus, um seine Film-Mama zu besuchen. In den Drehpausen der bekannten Fernsehserie kam das Filmteam früher immer wieder mal zum Mittagessen ins Rittergütl, bis der geizige Regisseur lieber den Pizzaservice bemühte. Doch auch ohne Fischer & Co. mischen sich im Landgasthof immer wieder prominente Köpfe unter das bunt gemischte Publikum. Schauspieler wie Daniel Friedrich oder Peter Kremer etwa geben sich in der Wirtschaft absolut authentisch. Hier muss sich niemand verstellen, sei es die Schülerschar vom Günther-Stöhr-Gymnasium, der Rentner von nebenan, der einheimische Bauernstammtisch, Familien mit temperamentvollen Kindern oder eben die Künstlernaturen.

In der Radlpause auf Entdeckungstour am Buchsee

Landgasthof Rittergütl

Inhaber Karin und Richard Weiß
Küchenchef Richard Weiß

Adresse Ebenhauser Straße 26, 82057 Irschenhausen

Telefon 08178-3803

Web www.ritterguetl.de

geöffnet Täglich außer Di. 10–23 Uhr

Schmankerltipp Wiener Schnitzel vom Kalb mit Röstkartoffeln und gemischtem Salat (13,60 €), Schweinekrustenbraten mit Majoran, Kartoffelknödel und Blaukraut (9,20 €), Wallerfilet gedünstet in Lauchsud, frischer Meerrettich und Wildreis (14 €), Babyananas mit Zitronensorbet (6 €)

Im Sommer, wenn der Biergarten im Rittergütl zu einer Einkehr verlockt, ist die Speisekarte etwas kleiner gehalten.

Mit dem Rad zum Buchsee

Da es viele schöne Radwege rund um das Rittergütl gibt, empfiehlt sich zur warmen Jahreszeit vor der Einkehr eine Radtour. Beliebtes Ziel vor allem bei Familien ist der nahe Buchsee. Vom Ickinger Bahnhof fährt man den Wenzberg hinab zur B 11 und weiter nach Walchstadt. Bevor es zum See geht, machen wir jedoch noch einen kleinen Schlenker über Dorfen nach Münsing. Der Ort liegt privilegiert auf einer Anhöhe und gilt als Sonnenstube des Starnberger Sees. Aus diesem Grund ist in der näheren Umgebung der Urlaub auf dem Bauernhof bei Jung und Alt gleichermaßen gefragt.

Der von Schilf umrahmte Moorsee liegt in einer Waldsenke und war lange Zeit ein Geheimtipp unter Münchener Badefans. An heißen Sommertagen stürzen sich zahlreiche Kinder mit Schlauchbooten, Gummitieren und Fangnetzen in den See, selbst die Kleinsten finden am warmen Wasser rasch Gefallen. Die Liegewiese ist weitläufig, Schattenplätze sind jedoch rar. Der Service der Badeanstalt beschränkt sich auf eine improvisierte Einkehr, doch vielleicht macht gerade seine Naturbelassenheit den Reiz des Buchsees aus. Nach der Badepause geht es dann über Höhenrain, Bachhausen und Mörlbach nach Irschenhausen zum Rittergütl.

Das erste Dorf südlich von München

In Irschenhausen, das der Volksmund früher wegen der Ansammlung prominenter Künstler und dem Laissez-faire Klein-Schwabing nannte, werden die Kühe wie zu Urgroßmutters Zeiten nach 17 Uhr in die Hofställe getrieben. Seit rund 150 Jahren bereits wohnen Landwirte und Künstler

Aktivität Radtour
Fahrzeit 2 Std.
Strecke 26 km

Route Icking → Walchstadt → Dorfen → Münsing → Buchsee → Höhenrain → Bachhausen → Irschenhausen → Schäftlarn (Icking)

Anfahrt

ÖVM Mit der S 7 nach Icking, Rückfahrt auch ab Hohenschäftlarn möglich

Auto Autofahrer parken am Rittergütl in Irschenhausen (auf der B 11 Abzweig hinter Schäftlarn) und beginnen ihre Radelrunde dort.

Navigation N 47.953145°, E 11.436703°

Charakter Gemütliche Radtour auf meist verkehrsberuhigten Straßen zwischen Isartal und Starnberger See. Zwischen Münsing und Höhenrain gibt es eine Bademöglichkeit im moorigen Buchsee. Einzelne kleinere Steigungen

Wegweiser Von Icking zunächst in Richtung Buchsee, der jedoch erst auf dem Rückweg anvisiert wird. Später sind Icking und Schäftlarn beschildert.

Karte ADFC-RK München / Alpenvorland

Langlauf-Tipp Im Winter lässt sich das Rittergütl mit einer Langlauf-Runde zwischen Walchstadt und dem Bergkramerhof kombinieren (ca. 15 km)

hier Tür an Tür, Kommunikationsprobleme gibt es keine. Erst recht nicht im Rittergütl, das seit 30 Jahren in Besitz der Familie Weiß ist. Da der heutige Inhaber Richard Weiß zwei Kinder hat, setzt sich die Familientradition möglicherweise auch in Zukunft fort.

Wer beim Essen gerne Leute beobachtet und die Multi-Kulti-Gesellschaft zu schätzen weiß, wird den Aufenthalt im Rittergütl in sehr guter Erinnerung behalten. Abgesehen davon bietet der Landgasthof auch eine schmackhafte Küche. Im Sommer lockt der schöne Biergarten mit Alpenblick, ein ideales Ziel vor allem für die Radfahrer. Dann offeriert die Speisekarte ob des Ansturms eher bodenständige Kost wie den legendären Schweinekrustenbraten, ohne dass die Frische der Produkte darunter leiden würde. In ruhigeren Zeiten hingegen zeigt der Küchenchef, was an Esprit und Raffinesse in ihm steckt. Wir erfreuten uns im Winter an der köstlichen Flusskrebssuppe mit Einlage, an Rote Beete Carpaccio mit Heilbutt-Limetten-Dressing und an einem Lammfilet mit Senf-Kräuterkruste auf Fenchelgemüse mit Kartoffelgratin.

Löwenzahnwiese bei Münsing

Aktivität: Wandern, Ski alpin und Rodel | Gastronomie: gehobene bayerische Küche, international

Film- und Bergkulisse

Wanderung im Loisachtal

Wer den bayerischen Kultfilm „Das Ei ist eine geschissene Gottesgabe“ kennt, der hat vielleicht noch die Bilder von der Sprengenöder Alm mit der Oma Sophie Geisberger in der Hauptrolle im Kopf. Die Uroma Sophie hatte die Alm 1949 gegründet, um den Ausflugsgästen eine deftige Brotzeit aufzutischen. Nach einigen Pächterwechseln wird die Alm seit Mitte 2007 wieder ganz im Sinne der Oma von der Familie betrieben. Und auch diverse Filmteams bewerben sich von Zeit zu Zeit für den einen oder anderen Dreh.

Schöner Wanderweg am Ufer des Loisach-Isarkanals

Die Sprengenöder Alm liegt in der Tat sehr privilegiert. Von der Ausflugsterrasse genießt man den großartigen Blick auf das Loisachtal mit unserer Wanderroute und der prächtigen Bergkulisse im Hintergrund.

An der Loisach nach Beuerberg

Am südlichen Ortsrand von Eurasburg zweigt die Unterherrnhauser Straße nach Baierlach und zum nahen Loisachufer ab. Der Wanderweg führt mit zeitweiligem Blick auf die Benediktenwand am Loisach-Isar-Kanal entlang direkt nach Beuerberg. Jenseits der Loisachbrücke gelangt man auf der Herrnhauser Straße, dem Loisachweg und der Klosterstraße zum 1121 durch Graf Otto von Eurasburg gegründeten Kloster, das früher die Augustiner-Chorherren und heute die Eurasburger Salesianerinnen – Schwestern von der Heimsuchung Mariä – beherbergt.

Vom Kloster wandert man auf dem Lindenweg und der Kuglstadtstraße an der Metzgerei Huber vorbei zur Hauptstraße. Hinter dem Dorfweiher führt die Waldhauserstraße über eine Wiese, dann geht es durch einen bewaldeten Bachgraben zum Rad- und Wanderweg nach

Dorfweiher in Beuerberg mit Blick auf die Benediktenwand, anschließend Einkehr in der Sprengenöder Alm

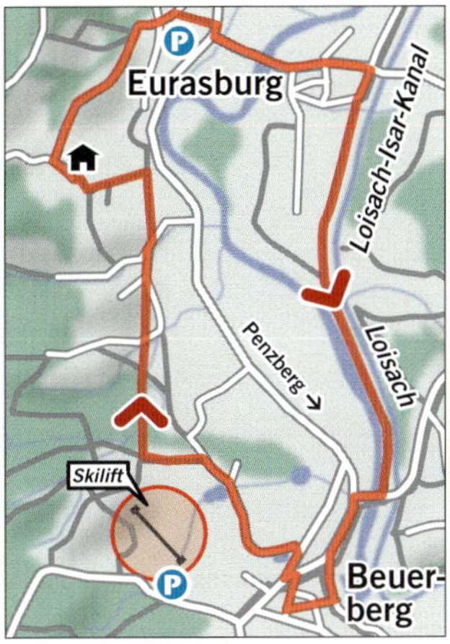

Aktivität Wanderung
Gehzeit 2 ½ Std.
Strecke 8 km

Route Eurasburg → Beuerberg → Sprengenöd → Eurasburg

Anfahrt

Auto Autobahn A 95 Richtung Garmisch, Ausfahrt Wolfratshausen und St2370 nach Eurasburg. Parkmöglichkeit in der Beuerberger Straße nördlich des Rathauses

Navigation N 47.856654°, E 11.405826°

Charakter Nach kurzer Wegstrecke auf dem Asphaltsträßchen geht es am Ufer des Isar-Loisach-Kanals nach Beuerberg. Auf dem Rückweg muss der kurze, steile Anstieg nach Sprengenöd bewältigt werden.

Wegweiser Vereinzelte Rad- und Wanderwegweiser

Karte Kompass-Wk 0180 Fünfseenland, Landkreis Starnberg, 1:50.000

Sprengenöder Alm

Inhaber Theresia und Josef Geisberger
Küchenchefs Günther Kramer und Josef Elek

Adresse Sprengenöd 4, 82547 Eurasburg

Telefon 08179-93100

Mail info@sprengenoeder-alm.de

Web www.sprengenoeder-alm.de

geöffnet Täglich warme Küche von 11–22 Uhr, Nov. bis April Mi. nur bei schönem Wetter

Übernachtung Gästezimmer und Apartments z. T. mit Bergblick und Balkon

Schmankerltipp Mild geräuchertes Forellenfilet mit Preiselbeer-Meerrettichsahne, Baguette und Butter (7,80 €), Zitronennudeln mit Meeresfrüchten, Kirschtomaten in Sahnesauce mit frischem Dill (8,50 €), Sprengenöder Gröst'l von Ente und Schweinderl mit Knödel, Speck, Zwiebeln, Ei und Beilagensalat (10,90 €), hausgemachtes Cassisparfait auf Amaretto-Vanillesauce (4,20 €)

Eurasburg. Nach Passieren des Habichtgrabens erfolgt durch eine Waldstufe der beschilderte Schlussanstieg zur Sprengenöder Alm.

Gelegentlich auch Biofleisch ...

In Sprengenöd kommen vor allem die Genießer der leicht gehobenen bayerischen Küche auf ihre Kosten. Die meisten Gäste stammen trotz des sehr schön gelegenen Hotels überwiegend aus dem deutschsprachigen Raum, weshalb die auf Initiative des Schwiegersohns erfolgte Übersetzung der hauseigenen Homepage in über 30 Sprachen als Gag zu betrachten ist. Fleisch und Gemüse beziehen die Gastronomen in der Regel von alteingesessenen Landwirten im Tölzer Land, je nach Angebot kommt auch mal ein Lamm oder Spanferkel vom Biobauern auf den Tisch. Ein Renner ist auch der karamellisierte Kaiserschmarrn, der im Pfanderl mit gerösteten Mandeln, Rosinen und Zwetschgenröster serviert wird.

Abseits jeglichen Autoverkehrs genießt der Gast von der großen Südterrasse und dem Biergarten den schönen Bergblick. Für die Kinder gibt es im Freien ausreichend Platz zum Spielen und Toben, sofern nach der Wanderung überhaupt noch Bedarf vorhanden ist. Andererseits ist der Abstieg nach Eurasburg auf der Sprengenöder Straße rasch bewältigt. Im Ort geht es geradeaus auf der Straße Schlossblick zum Parkplatz am Rathaus hinab.

Tipp!

Ski- und Rodelvergnügen in Beuerberg

In Beuerberg hält Otto Mannheim seit fast 40 Jahren mit viel Engagement einen kleinen Skilift in Schuss. Er präpariert die Piste wie früher mit der alten, zur Pistenraupe umfunktionierten Isetta. Witzig anzusehen sind auch die Ritterburg und der bunte Zirkuswagen, wo sich die Kinder während ihrer Skikurse aufwärmen und Brotzeit machen können. Die Skischule managen Ottos Töchter Claudia und Sabine, während seine Frau im Kassenhäusl die Tickets verkauft. Zum Saisonabschluss findet immer das begehrte Zwergerlrennen statt, für die besten Kids gibt es am Ende Pokale. Der Skilift ist jedoch nur bei ausreichender Schneelage in Betrieb, wobei mittlerweile eine Beschneiungsanlage für Abhilfe sorgt.

Mehr Infos unter Tel. 08179-5705 und www.skischule-beuerberg.de

Wenn ausreichend Schnee liegt, können sich Kinder in der Beuerberger Skischule zu einem Kurs anmelden.

Aktivität: Radtour, Ski-Langlauf | Gastronomie: bayerische und mediterrane Küche

Im Blumengarten und unter Kreuzgewölben

Radtour zwischen Otterfing und Dietramszell

Dietramszell liegt abseits der großen Touristenströme, die frequentierten Bundesstraßen nach Bad Tölz und zum Tegernsee sind nicht einmal akkustisch wahrnehmbar. In dieser Abgeschiedenheit genießt der Radfahrer vor allem im Sommer, wenn sich am nahen Waldweiher die Ringelnattern sonnen, die idyllische Voralpenlandschaft in vollen Zügen. Die Klosterschänke von Dietramszell versteckt sich in einer Senke und bietet nach dem Pächterwechsel vor einigen Jahren eine vorzügliche Küche.

Zwischen Linden und Harmating fährt man teils durch Wald, teils über Wiesen auf wenig befahrenen Straßen.

Von Otterfing nach Dietramszell

Vom Otterfinger Bahnhof geht es zügig auf der Bahnhofstraße und Dietramszeller Straße westwärts aus dem Ort heraus. Bei Erlach biegt man links in den Jasberger Weg und steuert über das auf einer kleinen Anhöhe gelegene Jasberg im Bogen nach Baiernrain. Über Linden und Reuth erreicht man durch ein schönes Hochtal Harmating und nach zügiger Abfahrt die Weihermühle am Harmatinger Weiher. Am beliebten Badesee beginnt der zunehmend steiler werdende Anstieg

Klosterkulisse in Dietramszell

Gemütliches Gartenflair in der Klosterschänke

Feine Kalbsleber auf Rotweinschalotten, Kartoffelbrei und Blattsalat

Zutaten: 800 g Kalbsleber (Leber kaufen Sie am besten aus der Region oder noch besser vom Vollmilchkalb bei Ihrem Metzger oder direkt beim Bauern), 150 g Zucker, 20 Schalotten, 1/4 l guten Rotwein, 1 Messerspitze Nelken, 1 Lorbeerblatt, Salz, Pfeffer aus der Mühle, alten Balsamico-Essig

Zubereitung: Die frische Kalbsleber enthäuten in dünne Scheiben schneiden und in Mehl wenden. Den Zucker karamellisieren, die Schalotten kurz glasig dünsten, Lorbeerblatt und Nelken zugeben, mit Rotwein ablöschen, einreduzieren, bis eine soßenartige Konsistenz entsteht, mit Salz, Pfeffer und je nach Geschmack mit ein paar Tropfen altem Balsamico abschmecken. Wenn die Soße und das Gemüse fertig sind, die Leber in Olivenöl oder Butterschmalz rosa braten. Dazu passen Kartoffelbrei und ein knackiger Blattsalat.

Klosterschänke

Inhaber Andreas Haindl und Söhne
Küchenchefs Florian Guggenbichler, Christoph Zenzinger

Adresse Klosterplatz 2, 83623 Dietramszell

Telefon 08027-904500

Mail info@klosterschaenke-dietramszell.de

Web www.klosterschaenke-dietramszell.de

geöffnet Täglich ab 10.30 Uhr, durchgehend warme Küche 11.30–22 Uhr, Di. Ruhetag (Jan. bis April auch Mo.)

Übernachtung Doppelzimmer mit Frühstück

Schmankerltipp Leberspätzlesuppe (2,80 €), Schweinefilet auf Rahmschwammerl mit hausgemachten Spätzle (12,90 €), Gnocchi in Butter mit gebratenen Reherl, Tomatenwürfeln und frischem Parmesan (9,90 €), Zwetschgenröster mit Vanilleeis (4,90 €); je nach Saison diverse Aktionswochen

durch Wald nach Humbach, bevor uns die kurvenreiche Landstraße nach Dietramszell führt. Die Klosterschänke liegt unterhalb des Ortskerns in einer Senke.

Wohlfühlambiente bei schmackhaftem Essen

Von außen lässt sich die angenehme Atmosphäre im alten Gewölbesaal kaum erahnen, doch wer erst einmal am Holztisch sitzend die täglich frischen Blumen betrachtet und die alten Fotografien über den Schiefertäfelchen entdeckt, fühlt sich auf Anhieb geborgen. Die rot lackierte Bar passt eigentlich gar nicht zu dem alten Ambiente und fügt sich dennoch harmonisch in das Gesamtbild ein. Noch schöner sitzt man bei warmer Witterung auf der liebevoll auf zwei Ebenen angelegten Gartenterrasse am Zellbach. Die Tische sind ebenso wie jene in der Gaststube ganz im Sinne der inzwischen leider verstorbenen Hobbygärtnerin Traudi Haindl liebevoll mit frischen Blumen dekoriert.

Jeden Mittwoch wird anlässlich des „Schmarrntages“ süßer und deftiger Schmarrn nach traditioneller Art serviert. Bei der Bestellung des Essens kann man keinen Fehler begehen, alles ist frisch zubereitet und sehr geschmackvoll. Das gilt auch für die gemischte Dessertplatte, die das Menü überzeugend abrundet.

Der Rückweg verläuft von der Klosterschänke ein Stück weit in Richtung Holzkirchen, bevor unsere Route nach links über Dietenhausen und Thalham nach Otterfing abzweigt.

Aktivität	Radtour
Fahrzeit	2 ½ Std.
Strecke	34 km

Route Otterfing → Linden → Harmatinger Weiher → Dietramszell → Otterfing

Anfahrt

ÖVM Mit der S 5 Richtung Holzkirchen nach Otterfing

Auto A 8 Ausfahrt Hofoldinger Forst und über Sauerlach nach Otterfing (großer Parkplatz am Bahnhof)

Navigation N 47.910862, E 11.681964°

Charakter Von Otterfing nach Harmating verläuft die Route überwiegend flach über Wiesen und Felder, seltener durch Wald. Dann folgt nach der Abfahrt zum Harmatinger Weiher der heftige Gegenanstieg nach Humbach. Weiter abwechslungsreich über Dietramszell zurück zum Ausgangsort. Die Strecke ist durchgehend asphaltiert.

Karte ADFC-RK München / Alpenvorland, 1:75.000

Langlauf-Tipp 3 km nördlich von Dietramszell beginnt an der Kapelle St. Leonhard die Rundloipe nach Humbach (8 km), die abwechselnd durch Wald, über Wiesen und durch ein Hochmoor führt. Deutlich anspruchsvoller ist die kurz vor Humbach abzweigende, hügelige Streckenloipe über Schalkhofen nach Thanning (gesamt 19 km).

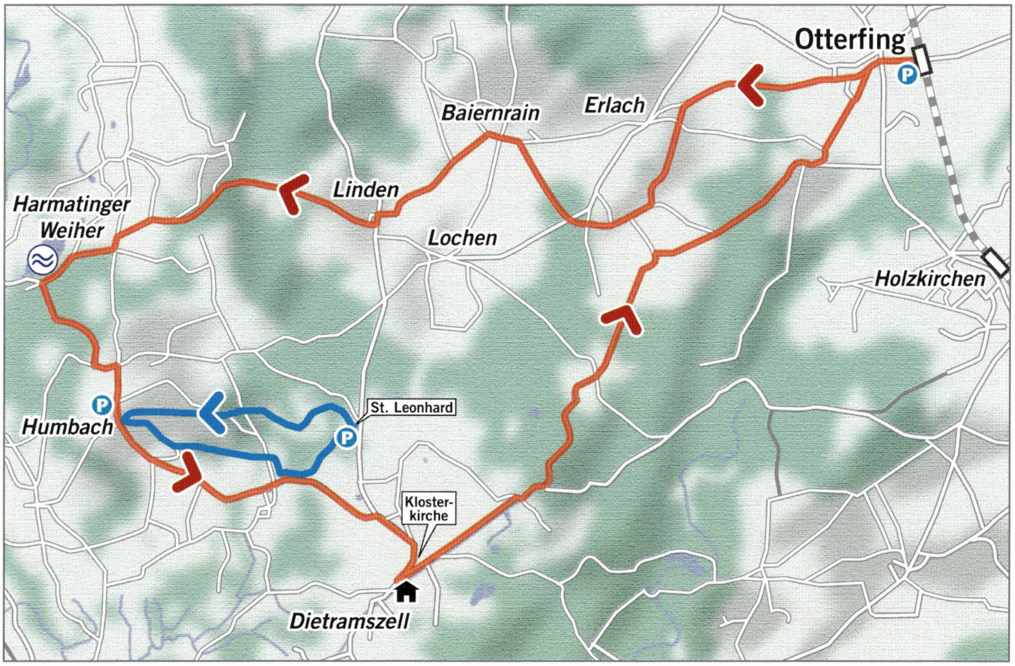

Aktivität: Radtour | Gastronomie: bayerische Schmankerlküche

Tradition am Kirchseemoor

Radrundtour zwischen Holzkirchen und dem Kirchsee

Ein Kompliment dürfen wir den Wirtsleuten Sabine und Peter Rank gleich im Voraus machen: Wo immer wir während unserer Recherchen im Alpenvorland auf den Jägerwirt zu sprechen kamen, alle waren sie über die gute Küche voll des Lobes. Kein Wunder, nachdem die Familie Rank das Gasthaus bereits in der vierten Generation betreibt und die legendäre Kalbs- und Schweinshax'n oder die hervorragenden Wildgerichte nicht an Qualität eingebüßt haben. Wenn der Radler jedoch spontan einkehrt, muss er damit rechnen, dass mancher Klassiker aufgrund der großen Nachfrage schon nicht mehr vorrätig ist.

Auf Schleichwegen nach Kirchbichl

Die Radtour beginnt am Holzkirchener Bahnhof und führt auf Münchener Straße und Thanner Straße in das ruhige Umland. Bei den Pferdekoppeln von Thann hält man sich links und radelt über Lochham nach Osterwarngau direkt auf den Taubenberg zu. Nach Passieren der Dorfkirche kann man sich bei der Schnapsbrennerei Huber mit Zwetschgenwasser und Obstler eindecken und fährt nach Oberwarngau weiter. Im Ort biegt man links in die Taubenbergstraße und erreicht nach wenigen Kilometern Reitham. Dort geht es am Dorfteich rechts zur B 13 und geradeaus nach Piesenkam und Sachsenkam, das bereits am Rand des Naturschutzgebiets Elbach-Kirchseemoor liegt. Nach Durchfahrt durch das Moor ist der Jägerwirt in Kirchbichl nicht zu verfehlen.

Wild direkt vom Jäger

Der Jägerwirt ist nicht nur einer der besten Tafernwirtschaften weit und breit, sondern er hat auch einen der schönsten Gastgärten zu bieten. Hier bewahrt die freundliche und zuvorkommende Bedienung Anni bereits seit über 40 Jahren auch in Stresslagen stets die Ruhe. Man sitzt in angenehmer und ruhiger Atmosphäre unter zwei stattlichen, rund 80 Jahre alten Linden und blickt in das weite Tölzer Land. Die Bäume wurden zu der Zeit gepflanzt, als Nikolaus und Maria Rank die Bauernstube zur Gaststube umfunktionierten, weil die Jäger sich seinerzeit nach einer gemütlichen Einkehr sehnten. Natürlich ist es Ehrensache, dass die heimischen Jäger auch heute noch im Jägerwirt ein- und ausgehen, oft nicht ohne ihr frisch erlegtes Wild beim Küchenchef abzuliefern. Der vorzügliche Reh- und Hirschrücken des Jägerwirts ist schon fast legendär.

In aller Munde sind auch die Geflügel- und Wildgeflügel-Gerichte, die auf Anfrage zubereitet werden. Gleiches gilt für die frische Kalbs- und Schweinshax'n vom Grill. Zum Fleisch werden frisches Gemüse der Saison und knackige Salate gereicht. Weitere Spezialitäten sind die hausgemachten Kuchen und Schmalznudeln sowie das selbstgebackene Dinkelbrot, das man je nach Vorrat auch mit nach Hause nehmen kann. Wer in einer größeren Gruppe einkehren will, sollte dringend vorbestellen. Gerade bei schönem Ausflugswetter ist immer allerhand los, es war gar nicht so leicht, den viel beschäftigten Peter Rank für ein Gespräch zu gewinnen. Nur gut, dass der gelernte Zimmermann während der Bundeswehr die Zeit zum Nachdenken nutzte und sich dafür entschied, sein Talent als Koch in den Familienbetrieb mit einzubringen. Der Lohn sind ein positives Echo und Urkunden im Michelin sowie in diversen Feinschmeckerkreisen.

Naturidyll im Kirchseemoor

Nachdem es sich mit vollem Magen so schwer radelt, gönnen wir uns am nahen Kirchsee eine kleine Ruhepause. Der Uferweg führt

Radeln am Wasser: Der Kirchsee mit Kloster Reutberg von seiner schönsten Seite

Gasthaus Jägerwirt

Inhaber Sabine und Peter Rank
Küchenchef Peter Rank

Adresse Nikolaus-Rank-Str. 1, 83646 Bad Tölz / Kirchbichl

Telefon 08041-9548

Mail mail@jaegerwirt-kirchbichl.de

Web www.jaegerwirt-kirchbichl.de

geöffnet Täglich außer Mo. und Do. 8–24 Uhr (warme Küche 12–14 und 17.30–20.30 Uhr)

Tipp Viermal im Jahr ist Schlachttag mit Schlachtsschüssel und Kesselfleisch auf der Speisekarte.

Schmankerltipp Tellerfleisch mit frischem Kren und gemischtem Salat (9,50 €), Schweinshax'n vom Grill mit knackig-frischem Salat und hausgemachten Kartoffelknödel (27,20 € für 2 Personen), Rehrücken im Kräutermantel mit Rosmarinsoße (19,50 €), gemischter Nachspeisenteller (7,20 €)

Die gebackene Ochsenbrust wird im Bärlauch-Senfmantel serviert.

Vor allem in Warngau passiert man schöne alte Bauernhöfe.

angenehm schattig durch den Wald, am westlichen See-Ende finden sich abseits des Rummels die schönsten Badenischen. In dieser Seeidylle schwimmen einzelne Genießer bis an den Schilfrand und Seerosengürtel am unberührten Südwestufer heran. Für Kinder ist das flache Seeufer ideal. Das Wasser reinigt sich durch den Bachzu- und -ablauf übrigens von selbst. Die Filzlandschaft ist ein Überbleibsel der Gletscher von der letzten Eiszeit vor 20.000 Jahren. Erfreulicherweise wächst das Moor durch absterbendes Pflanzengut um immerhin einen Millimeter pro Jahr. Vögel, Fische und auch Schlangen finden hier den idealen Lebensraum. Wer in den dunklen, schilfumsäumten Kirchsee hinausschwimmt und am Horizont neben der Kirchensilhouette von Kloster Reutberg die aufstrebenden Tegernseer und Tölzer Berge erblickt, genießt den Tag endgültig in vollen Zügen. Wenn dann auch noch weißblaue Wölkchen über den Himmel ziehen, mag man sich von dieser malerischen Bilderbuchkulisse gar nicht mehr verabschieden.

Der Heimweg führt am Kloster Reutberg vorbei in nördliche Richtung zunächst an die B 13, dann auf beschilderter Straße über Leithen nach Kleinhartpenning. Unterhalb des Ortes liegt versteckt in einer Waldsenke mit dem Hackensee ein weiterer Moorsee, der zum Baden und Verweilen einlädt. Am Schreinerwirt vorbei gelangt man schließlich auf Radwegen nach Holzkirchen und dort auf der Burgstaller- bzw. Baumgartenstraße zur Münchener Straße und zum Bahnhof zurück.

Aktivität	Radtour
Fahrzeit	3 ½ Std.
Strecke	42 km

Route Holzkirchen → Warngau → Sachsenkam → Kirchbichl → Kleinhartpenning → Holzkirchen

Anfahrt

ÖVM Mit der S 5 nach Holzkirchen

Auto Auf der A 8 (Ausfahrt Holzkirchen / Tegernsee)

Navigation N 47.883988°, E 11.696813°

Charakter Die Route verläuft meist auf verkehrsberuhigten Nebenstraßen und ist von der Passage am Kirchsee abgesehen auch durchgehend asphaltiert. Steigungen sind kaum zu bewältigen, nur mit Verlassen des Kirchseebodens geht es mal etwas strenger bergauf. Mit Kirchsee und Hackensee laden zwei schöne Moor seen zum Baden ein.

Wegweiser Der Abschnitt zwischen Sachsenkam, Kirchbichl und Reutberg ist beschildert.

Karte ADFC-RK München / Alpenvorland

Aktivität: Bergwanderung, Ski alpin | Gastronomie: regionale Küche, Kärtner Schmankerl

Ein Frauen-Quintett im historischen Gasthaus

Wanderung durch das Längental zur Benediktenwand

Eine echte Rarität im Oberland: Im Jahr 2013 feiert die „Schweizer Wirtin" ihr 30jähriges Jubiläum als Küchenchefin, und das an einem einzigen Ort! Seinen Namen verdankt der historische Gasthof jedoch 40 Schweizer Kühen, die im Dreißigjährigen Krieg im Jahr 1632 von den Schweden gestohlen und von Tölzer Bauern zurückerobert wurden. Der Lohn für diese Heldentat waren seinerzeit 100 Gulden, womit sich die Bauern bestimmt die eine oder andere Zeche in der neu gegründeten Bauernwirtschaft leisten konnten.

An Alpenrosen und Latschenkiefern vorbei quert man zum Gipfel der Benediktenwand. Im Hintergrund erkennt man den Walchensee.

Steinböcke an der Benediktenwand

Wir nehmen uns für diesen Ausflug am Besten einen ganzen Tag Zeit, um vor dem finalen Schlemmermenü in aller Ruhe im Isarwinkel wandern zu können. Damit sich die Wanderung zur Benediktenwand nicht unnötig in die Länge zieht, parken wir nicht am Schweizer Wirt, sondern fahren vom Arzbacher Ortskern die Längentaler Straße einige Kilometer entlang des

Bei der Schweizer Wirtin geben die Damen den Ton an: Angelika Demmel, Barbara Hipp, Elisabeth Sankjohanser und Michael Sommer (nicht im Bild: Conny Mentschel)

Die Schweizer Wirtin

Inhaberin und Küchenchefin Barbara Hipp

Adresse Schlegldorf 83, 83661 Lenggries

Telefon 08042-8902

Mail info@schweizer-wirt.de

Web www.schweizer-wirt.de

geöffnet Mo. Ruhetag, Di. erst ab 18 Uhr, warme Küche 11.30–14 Uhr und 17.30–21.30 Uhr

Schmankerltipp Gebratenes Kalbsries auf sauren Knödeln (13 €), gekochter Tafelspitz auf Meerrettichsoße mit Cremespinat und Röstkartoffeln (14,50 €), Rehgulasch mit Schwammerl, Rosenkohl und Butterspätzle (15 €), Rhabarberkuchen (2,70 €)

Arzbachs talein zum großen Wanderparkplatz. Unmotorisiert hat unsere Wandergruppe positive Erfahrungen mit dem Trampen gemacht.

Nach einer kleinen Steilstufe wird der Forstweg flacher, hinter dem Kirchsteinhaus öffnet sich das Längental. Am Talende beginnt an der privaten Längentalalm der eigentliche Anstieg, der unter der felsigen Probstenwand in Abschnitten steil durch Wald zur Probstalm hochzieht; die unbewirtschaftete Sektionshütte des Alpenvereins liegt malerisch auf einem Geländeabsatz. Weiter geht es über im Sommer üppig blühende Wiesen zur Einsattelung zwischen Achselköpfen und Benediktenwand empor. Der Gipfelanstieg erfolgt auf dem mit Drahtseilen gesicherten Felssteig. Direkt am Grat kann man gelegentlich ein Steinbockrudel beobachten, das sich von den Wanderern in keinster Weise irritieren lässt. Ob die stolzen Tiere vor Bruno, dem Bären, der sich vor einigen Jahren im Brauneckgebiet herumtrieb, mehr Angst hatten? Nach ausgiebiger Rast auf dem beliebten Aussichtsberg geht es auf gleicher Route wieder in das Tal zurück.

Gaumenfreuden im Isarwinkel

Bei der Schweizer Wirtin hat man die Wahl zwischen dem einladenden Garten und der urgemütlichen Gaststube. Seit der Übernahme im Jahr 1983 hat Barbara Hipp die einst einfache Bauernwirtschaft durch ihre schmackhafte Küche in ein vorzeigbares Ausflugslokal mit hohem Stammgastpotential umgewandelt. Männer haben hier inzwischen nichts mehr zu sagen, denn sowohl in der Küche als auch im Service beschäftigt die Chefin ein eingespieltes Frauen-Duo: Die Österreicherin Michaela Sommer etwa sorgt seit sieben Jahren mit ihrer freundlichen und zuvorkommenden Art für gute Stimmung in der Stube.

Da nur frische Ware ein gutes Endprodukt garantiert, bezieht Barbara Hipp Fleisch, Wurst und Käse in der Regel aus der Region; zu den Lieferanten zählt auch ein Biobauer aus Bruckmühl. Neben bayerischen Schmankerln bereitet die gebürtige Jachenauerin mit Vorliebe österreichische Spezialitäten wie Topfenschmarrn, Griesknödel oder gekochten Tafelspitz zu, der auf Meerrettichsoße mit Cremespinat und Röstkartoffeln serviert wird. Bestnoten verdienen auch das Rehgulasch mit Schwammerl, Rosenkohl und Butterspätzle sowie die hausgemachten Kuchen. Zum Essen schmeckt ein frisches Kaltenberger Schlossbier oder ein gepflegter Wachauer Wein.

Aktivität Bergwanderung
Gehzeit 6 ½ Std.
Höhenmeter 1100
Strecke 18 km

Route Arzbach → Längentalalm → Probstalm → Benediktenwand und zurück

Anfahrt

ÖVM Mit der Bayerischen Oberlandbahn (BOB) nach Bad Tölz oder Lenggries, weiter mit dem RVO-Bus bis zur Arzbacher Kirche

Auto Von München über Wolfratshausen (A 95, B 11) oder Holzkirchen (A 8, B 13) nach Bad Tölz und an der westlichen Isarseite nach Arzbach

Navigation N 47.693212°, E 11.516547°

Charakter Die Wanderung durch das Längental über die Probstalm auf die Benediktenwand ist zwar relativ lang, dafür landschaftlich anregend und wenig begangen. Der Gipfelanstieg erfordert Trittsicherheit und bedingte Schwindelfreiheit, an vakanten Stellen sichern Drahtseile den Steig.

Wegweiser Die Benediktenwand ist gut beschildert.

Karte Kompass-WK Isarwinkel

Ski alpin-Tipp Wenige Kilometer südlich vom Schweizer Wirt befindet sich das Brauneck-Skigebiet mit Pisten von insgesamt 34 km Länge. Seilbahntransport auf rund 1700 m Höhe (Betriebszeiten 8.30–16.30 Uhr), www.brauneck-bergbahn.de

Der wenig scheue Steinbock staunt wohl darüber, dass der Mensch für das bisschen Steilheit ein Drahtseil benötigt.

Tipp! **Hausgebrannte Schnäpse**

In der Brennerei der Schweizer Wirtin fertigen und verkaufen Resi und Hans Wörner hochprozentige Schnäpse (geöffnet Sa. 14–18 Uhr und nach Absprache; Tel. 01 76 - 47 08 63 36). Da die Früchte für Willi, Zwetschge und Apfelbrand direkt vor der Haustür zum besten Zeitpunkt geerntet werden, entfalten die Schnäpse ein unverwechselbares Aroma. Von bester Qualität sind auch die feinen Liköre, die Resi und Hans zum Beispiel mit Hilfe von Rosen, Johannisbeeren oder Tannenspitzen herstellen.

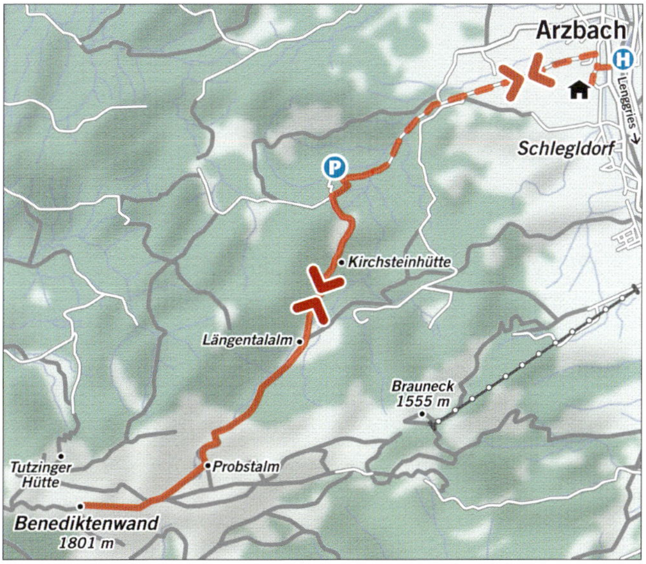

Aktivität: Wanderung, Radtour | Gastronomie: bayerische Küche

Authentisches Bayernland

Wanderung im Loisachtal

Zwischen Benediktbeuern und Penzberg zeigt sich das bayerische Alpenvorland von seiner ursprünglichsten Seite. Schmucke Bauernhäuser und das naturbelassene Loisachtal prägen das Bild, und im Gasthaus Schönmühl finden Filmregisseure den perfekten Drehort für urbayerische Wirtshauskultur: Im Dezember 2011 etwa war der Wirtshaustester Wolfgang Schneider für die BR-Sendung „Wir in Bayern" zu Besuch. Hier hängt noch eine schmiedeeiserne Lampe über dem Stammtisch, die Tische zeigen Kratzspuren vergangener Jahrhunderte und auch die schweren Eichenstühle halten bis heute stand; die Möbel wurden übrigens direkt nach dem Krieg aus dem Münchener Hofbräuhaus angeliefert. Das Bier wird im Gasthaus Schönmühl nachweislich bereits seit 1729 gezapft, und würde nicht elektrisches Licht den Raum erhellen, fühlte man sich tatsächlich in eine vergangene Epoche zurückversetzt.

Winter- und Sommerimpression von der Kapelle St. Johannisrain. Im Hintergrund die Benediktenwand

Wanderung durch die Loisachauen

Vor Beginn der Wanderung in Benediktbeuern lohnt ein kurzer Abstecher auf der Bahnhofstraße zum alten Ortskern, um die über 1250 Jahre alte bäuerliche Landkultur auf sich wirken zu lassen. Hier reiht sich ein stattlicher Bauernhof an den anderen, die Bäuerinnen überbieten sich im Blumenschmücken der Fenster und Balkone gegenseitig. Doch das Wahrzeichen von Benediktbeuern ist die mächtige Klosteranlage mit der Benediktenwand als fotogenen Hintergrund. Bei der Anlage handelt es sich um die älteste Niederlassung der Benediktiner in Oberbayern, in der Bibliothek wurde einst sogar die mittelalterliche Liedersammlung Carmina Burana

Winterliches Stillleben in den Loisachauen

Penzberg | Gasthaus Schönmühl

Bestnoten erhält das Gasthaus Schönmühl für die Urtümlichkeit der Gaststube und den gelungenen Schweinsbraten.

Gasthaus Schönmühl

Inhaber Brigitte und Reinhold Schiermeier
Küchenchef Reinhold Schiermeier

Adresse Schönmühl 1, 82377 Penzberg-Schönmühl

Telefon 08856-2498

Web www.gasthaus-schoenmuehl.de

geöffnet Mi./Do. ab 16 Uhr, Fr. ab 11 Uhr, Sa./So./Fel. ab 10 Uhr, am Wochenende Reservierung zu empfehlen

Schmankerltipp Schweinsbraten mit Kartoffelknödel und hausgemachtem Krautsalat (10,60 €), geräucherter Saibling mit Sahnemeerrettich, Brot und Butter (13,80 €), Hausmacherbratensülze mit Röstkartoffeln (9,80 €)

Echter bayerischer Schweinsbraten

Für einen echt bayerischen Schweinsbraten benötigt man ein schönes Stück Schweineschulter. Diese mit Salz und Pfeffer und etwas gemahlenen Kümmel einreiben und eine Spur Knoblauchpulver zufügen. Das Bratreindl mit Schweinsknochen auslegen, mit etwas Wasser bedecken und zwei grob geschnittene Zwiebeln sowie eine gelbe Rübe dazulegen. Das Fleisch mit der Haut nach unten auf diese Unterlage und mit Alufolie abdecken. Bei guter Hitze (Backrohr vorheizen auf ca. 260°) den Braten 1 Std. garen, dann wenden und die Schwarte würfelförmig (ca. 1 cm) einschneiden. Innerhalb der nächsten Stunde den Schweinsbraten 2–3 Mal mit Salzwasser aufgießen, damit eine rösche Kruste entsteht. Die Knochen im Bratenfond mit Knödelwasser und Grünzeugresten kräftig auskochen, damit wir mit etwas Nachwürzen die klassische klare Soße erhalten.

Als Beilage empfehlen wir Kartoffelknödel und Blaukraut (im Winter) oder hausgemachten Krautsalat (im Sommer).

aufgefunden. Die dominanten Zwiebeltürme der Basilika sind in der flachen Flussauenlandschaft der Loisach noch lange zu sehen.

Die Wanderroute führt vom Bahnhof nördlich des Klosters über die Moosmühle zum Loisachufer in das Herz des Naturschutzgebietes. Unter Beobachtung der vielfältigen Vogelwelt wandert man am Flussufer entlang in Richtung Norden; bei Querung der B 472 wird die Flussseite gewechselt, am westlichen Loisachufer geht es auf zum Teil verwachsenen Steig an einer schönen Badestelle vorbei nach Schönmühl.

Bayerische Lebenskultur

Das Gasthaus Schönmühl ist mit seinem einladenden Biergarten und seiner urigen Gaststube bestens auf Wanderer eingestellt. Ehrensache, nachdem hier früher schon Flößer, Waldarbeiter und Wandergesellen einkehrten und sich das Ambiente seither kaum verändert hat. Auch die Wirtsleute Brigitte und Reinhold Schiermeier verkörpern die traditionelle bayerische Lebenskultur. Während der Hausherr in der Küche die altbewährten bayerischen Schmankerl zubereitet, übernimmt seine Frau den Service. An stressigen Sommertagen, wenn viele Wanderer und Radfahrer spontan in den Biergarten strömen, hilft schon mal die eine oder andere Frau eines alten Stammtischgenossen aus.

Der Klassiker von Schönmühl ist der Schweinsbraten – ein saftiges Stück von der Schulter mit entsprechender Kruste –, der je nach Saison mit Krautsalat oder Blaukraut auf den Tisch kommt. Der erfahrene Küchenchef empfiehlt allen Hobbyköchen, die Haut des Schweinefleisches vor dem Ofengang nicht einzuritzen. Doch auch das Tellerfleisch aus gesottener Rinderbrust mit hausgemachtem Kartoffelgurkensalat und frisch geriebenem Meerrettich ist bei den Gästen sehr beliebt. Wer lieber Fisch isst, bestellt sich einen frischen Saibling, der sein Leben zuvor im nahen Steinbach genießen durfte. Der frische Haussalat wird übrigens schon mal mit Südtiroler Speck aufgewertet.

Vom Gasthaus folgt man der kleinen Straße in westliche Richtung bis zur Staatsstraße, hält sich dort auf dem Radweg links bis zur Abzweigung nach Edenhof. Hinter dem Weiler stößt man auf die Kapelle von St. Johannisrain, wandert an der folgenden Kreuzung rechts in den Wald und zuletzt auf Ludwig-März-Straße sowie Meichelbeckstraße zum Bahnhof von Penzberg.

Aktivität	Wanderung
Gehzeit	3 ½ Std.
Strecke	12 km

Route Benediktbeuern → Moosmühle → Loisach → Schönmühl → St. Johannisrain → Penzberg

Anfahrt

ÖVM Mit dem Regionalzug von München oder stündlich von Tutzing Richtung Kochel, Bahnhof Benediktbeuern

Auto Auf der A 95 bis Ausfahrt Sindelsdorf und auf der B 472 über Bichl zum Ausgangsort (Rückfahrt zwei Stationen mit dem Zug)

Navigation Navigation: N 47.749279°, E 11.372223°

Charakter Zunächst wandert man von Benediktbeuern durch die Angerfilze zum Loisachufer und dort auf malerischen Uferwegen nach Schönmühl. Nach der Einkehr geht es zumeist auf kleinen Asphaltstraßen über die Weiler Edenhof und St. Johannisrain sowie zuletzt durch Siedlungsgebiet zum Penzberger Bahnhof.

Wegweiser Der Abschnitt zwischen Sachsenkam, Kirchbichl und Reutberg ist beschildert.

Karte Radwanderkarte Penzberg

Rad-Tipp Radfahrer drehen eine Runde durch das Kochelsee-Moor (Ww. Kochel am See; Schlehdorf) und steuern dann auf beschildeter Radroute über Bichl nach Schönmühl. Von dort gelangt man auf unserer Wanderroute nach Penzberg (gesamt 34 km).

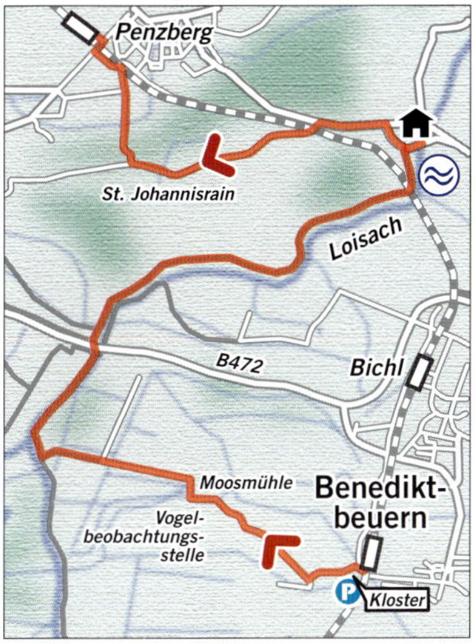

Aktivität: Radtour, Bergwanderung, Ski-Langlauf | Gastronomie: bayrisch

Willkommen im Paradies

Radtour rund um den Walchensee

Die Jachenau erweckt zu jeder Jahreszeit den Eindruck, dass die Uhren hier anders gehen. Weit verstreut liegen die vielen kleinen Weiler im einladenden Talschluss. Die Bauernhöfe, deren Holzbalkone im Sommer mit bunten Blumen geschmückt sind, sind zum Teil mehrere hundert Jahre alt. Das Tal endet am Fischberg, hinter dem sich der malerisch gelegene Walchensee verbirgt. Während sich der Mountainbiker bei einer anspruchsvollen Rundtour zum Kochelsee austobt, findet der Genussradler am Walchenseeufer eine landschaftlich reizvolle, aber wenig anstrengende Route vor.

Grünes Tal und klarer Bergsee

Der Walchensee wird bei der Radtour komplett umrundet – die Aufnahme ist jedoch einige Höhenmeter oberhalb der vorgestellten Strecke entstanden …

Die Tour beginnt im Zentrum des Ortes Jachenau und führt auf der mautpflichtigen Straße in Abschnitten steil aus dem Tal heraus. Nach knapp drei Kilometern zweigt nach rechts eine kleine Teerstraße ab (Wegweiser „Seerunde"), auf der wir über einen namenlosen Waldpass (871 m) per Abfahrt nach Sachenbach gelangen. Der Weiler besteht nur aus ein paar Häusern. Auf der Terrasse und auf den Liegewiesen rund um den Kiosk am Walchenseeufer machen es sich viele Ausflügler bequem und beobachten Eis essend und Kaffee schlürfend die bunte Szenerie.

Der Walchensee (800 m) hat klares und sauberes Wasser mit Trinkwasserqualität. Allerdings stürzen sich nur wenige Wagemutige in die Fluten, denn der tiefe See wird von kalten Gebirgsbächen gespeist und ist selbst im Hochsommer ziemlich frisch. Das kühle Wasser hält jedoch nicht die Windsurfer und Segler davon ab, an einem der schönsten Seen Oberbayerns ihrem Hobby nachzugehen. Am südwestlichen See-Ende erhebt sich über dem Ort Einsiedl der Simetsberg.

Von Sachenbach folgt man der schmalen Uferstraße am Fuß des bekannten Jochbergs bis nach Urfeld. Hier strömt das Walchenseewasser für den Besucher unsichtbar durch sechs Druckrohre hinunter zum Ufer des Kochelsees und treibt dort die Turbinen des Walchensee-Kraftwerks an. Gleichzeitig trifft der Radwanderer in Urfeld auf die B 11, die vom Walchensee über den Kesselberg nach Kochel führt.

Bis zum Ort Walchensee gut fünf Kilometer südlich teilen wir uns das Fahrvergnügen mit den Autos. Am Ortsende zweigt jedoch eine kleine verkehrsarme Teerstraße links ab, die jenseits der Bucht die kleine Landzunge ansteuert und über das Klösterl in weitem Bogen nach Einsiedl führt. Dort stößt man wieder auf die B 11, überquert auf dieser den Obernachkanal - ein Ableger der Isar - und biegt hinter der Brücke links in die Mautstraße. Das Walchensee-Südufer eignet sich mit seinen einladenden Kiesstränden und Liegewiesen ideal für den Badestopp. In Niedernach verlässt man den Walchensee nach der anregenden Umrundung und fährt nach kurzem Gegenanstieg in die Jachenau ab.

Finale Einkehr im Schützenhaus

Nach der Rundtour herrscht am Schützenhaus bei schönem Ausflugswetter oft reger Ausflugsbetrieb. Seit Juni 2008 führen Michaela

Schützenhaus

Inhaber Michaela Ullmann und Florian Durach
Küchenchef Florian Durach

Adresse Dorf 71 / 8, 83676 Jachenau

Telefon 0 80 43 - 303

Mail info@schuetzenhaus-jachenau.de

Web www.schuetzenhaus-jachenau.de

geöffnet Täglich durchgehend warme Küche 11.30–20.30 Uhr, Mi. bzw. zwischen Kirchweih und Ostern auch Do. Ruhetag, zwischen Dreikönig und Fasching geschlossen

Schmankerltipp „Greazeig" (Salate) mit Mozarellasticks, Frühlingsrolle und Hendlflügel (9,80 €), „Jachnara Wuid" – Hirschkalbsbraten mit Preiselbeer-Rahmsoße, Semmelknödel und Blaukraut (12,80 €), Florians Ochsenfetzen in Pfefferrahmsoße mit Röstinchen und Salat (13,80 €), Apfelküchle mit Vanilleeis und Sahne (5,80 €)

Obwohl die Temperatur an diesem Sommertag akzeptable Werte erreicht, zögern diese Radler mit dem Bad in den kühlen Fluten.

Ullmann und ihr Lebensgefährte Florian Durach die Einkehr mit viel Umsicht und Freude. Da die Chefin aus der Jachenau stammt, fühlen sich die beiden trotz der etwas isolierten Lage zu keiner Zeit „ab vom Schuss", zumal die Lenggrieser Stammgäste sie nicht im Stich lassen und von wenigen Monaten abgesehen auch viele Feriengäste vorbeischauen. Mit der Geburt des zweiten Kindes hat sich das Heimatempfinden vermutlich nochmals verstärkt.

Vor seinem Umzug in das idyllische Hochtal arbeitete Florian Durach als freiberuflicher Koch unter anderem im Kofler-Weinzelt auf dem Münchner Oktoberfest. Die Vorpächter des Schützenhauses stellten ihn schließlich als Schankkellner ein und überredeten ihn später, die Küchenchefrolle zu übernehmen. Seitdem erfreuen sich die Gäste an Hausklassikern wie Florians Ochsenfetzen, die vom Fleisch der benachbarten Ochsenzucht stammen. Dass das Wild von einheimischen Jägern stammt, ist im Schützenhaus Ehrensache. Zur Hochsaison im Herbst gibt es dann Steinpilze als Beilage, die in den umliegenden Wäldern üppig gedeihen.

Aktivität	Radtour
Fahrzeit	2 ½ Std.
Strecke	33 km

Route Jachenau → Sachenbach → Urfeld → Einsiedl → Jachenau

Anfahrt

ÖVM Zugreisende müssen von Lenggries eine Zusatzetappe durch die Jachenau (17 km auf der St2072, auf beschilderter Radroute etwas länger) in Kauf nehmen.

Auto Über Bad Tölz und Lenggries in die Jachenau, Parkplatz am Schützenhaus

Navigation N 47.606221°, 11.432819°

Charakter Landschaftlich überaus reizvolle Rundtour um den Walchensee. Die Tour beginnt mit einer kräftigen Steigung und verläuft ausschließlich auf asphaltierten Straßen. Am Westufer muss zwischen den Orten Urfeld und Walchensee auf der B 11 vor allem an schönen Sommerwochenenden der Ausflugsverkehr beachtet werden.

Wegweiser Am Walchensee vereinzelt Schilder mit der Aufschrift „Seeumrundung"

Karte ADFC-RK Bayerische Seen

Wander-Tipp Von der Jachenau hervorragende Wandermöglichkeiten (u.a. Benediktenwand Gehzeit 5 Std., Hirschhörnlkopf 4 Std.)

Langlauf-Tipp Im Winter gepflegte Langlauf-Loipe (35 km) mit Skatingspur (10 km).

Aktivität: Radtour, Ski-Langlauf | Gastronomie: Wildspezialitäten

Königstraum im Ammertal

Radtour zwischen Saulgrub und Wieskirche

Auf seiner Reise von Schloss Linderhof nach Schloss Neuschwanstein musste König Ludwig II stets eine beschwerliche Strecke durch das Ammergebirge zurücklegen. Glücklicherweise führte die Königsroute am Forsthaus Unternogg vorbei, das den hohen Gast mit Speis und Trank willkommen hieß. Bis heute hat die Einkehr im Tal der Halbammer nichts von ihrem landschaftlichen Reiz eingebüßt. Da das Netz an attraktiven Radwegen im königlichen Gebiet sehr engmaschig ist, steht der Radler an vielen Kreuzungen vor der Qual der Wahl.

Die Radtour verläuft fast ausschließlich über verkehrsberuhigte Wege durch sanftes Hügelland.

Von Saulgrub über die Wieskirche nach Unternogg

Idealer Ausgangsort für die Rundtour im königlichen Gebiet ist Saulgrub. Vom Bahnhof radelt man ein kurzes Stück auf der B 23 über die Ampelkreuzung hinaus, dann biegt man rechts in die Straße Im Kirchfeld. Wenige Meter später folgt man den Wegweisern durch das Landschaftsschutzgebiet am Soiener See vorbei nach Bayersoien. Nächstes Ziel ist die Echelsbacher Brücke, die uns auf die andere Seite der Ammer führt; das Flusswasser hat an dieser Stelle bereits die bei Kajakfahrern beliebte, schluchtartige Ammerleite verlassen.

Am Schwaigsee zweigt die Route über Morgenbach nach Süden ab. Nach Passieren des Wildgrabens erreicht man Hargenwies, ab der folgenden

Straßengabelung ist die Weiterfahrt zur Wieskirche beschildert: Zunächst geht es über eine Anhöhe nach Hausen, dann auf Schotterwegen durch das malerische Illachtal und zuletzt über Schildschwaig zum bekannten Wallfahrtsort. Die von den Gebrüdern Zimmermann errichtete Rokokokirche zieht jährlich eine Million Besucher an, vorübergehend ist also Schluss mit Einsamkeit. Der Ursprung der Wallfahrt geht auf das Jahr 1738 zurück, als das Ehepaar Lory im Gegeißelten Heiland Tränen entdeckte; dieses Wunder bewirkte, dass die Figur – zuvor bei einer einheimischen Bäuerin untergebracht – in die eilig errichtete Kapelle umzog.

Südlich der Wieskirche folgt man dem König-Ludwig-Radweg über das stattliche Gehöft Resle zur Königstraße, die zwischen Schneidberg und Trauchberg nach Unternogg führt. Der Forstweg mündet nach der finalen Abfahrt in das Tal der Halbammer, nach Passieren der Brücke taucht das Forsthaus auf. In dem harmlosen Gebirgsbach soll Gindhart, ein Kurier des Königs, einst nach heftigem Unwetter samt Ross ertrunken sein.

Herrliche Lage und gutes Essen

Das Forsthaus Unternogg blickt nicht ohne Stolz auf seine königliche Vergangenheit zurück. Welche Einkehr kann schon von sich behaupten, Ludwig II beherbergt zu haben? Erfreulicherweise hat sich die Landschaft im Waldwinkel an der Halbammer in den vergangenen 250 Jahren kaum verändert, selbst der Fluss mutiert bei Starkregen

Aktivität	Radtour
Fahrzeit	3 Std.
Höhenmeter	350
Strecke	40 km

Route Saulgrub → Bad Bayersoien → Echelsbacher Brücke → Morgenbach → Hausen → Wieskirche → Unternogg → Saulgrub

Anfahrt

ÖVM Mit der Deutschen Bahn (DB) stündlich von München nach Murnau, dort in den Regionalzug nach Saulgrub umsteigen

Auto Auf der A 95 Richtung Garmisch, Ausfahrt Murnau / Kochel und über Murnau nach Saulgrub; Parkmöglichkeit am Bahnhof

Navigation N 47.665922°, E 11.025639°

Charakter Da sich das Alpenvorland am nördlichen Rand der Ammergauer Berge von seiner schönsten Seite zeigt, ist die Rundtour überaus anregend und kurzweilig. Die Route verläuft auf kleinen Asphaltstraßen und Kieswegen weitgehend abseits des Autoverkehrs.

Wegweiser König-Ludwig-Radweg zwischen Wieskirche und Königstraße und Bodensee-Königssee-Radweg nach Saulgrub

Karte ADFC-Regionalkarte Bayerische Seen, 1:75.000

Langlauf-Tipp Von Unternogg führt eine Rundloipe in klassischem Stil (ca. 9 km) nach Altenau und zurück. Die Loipe hat Anschluss zur Route über Unterammergau bis Schloss Linderhof.

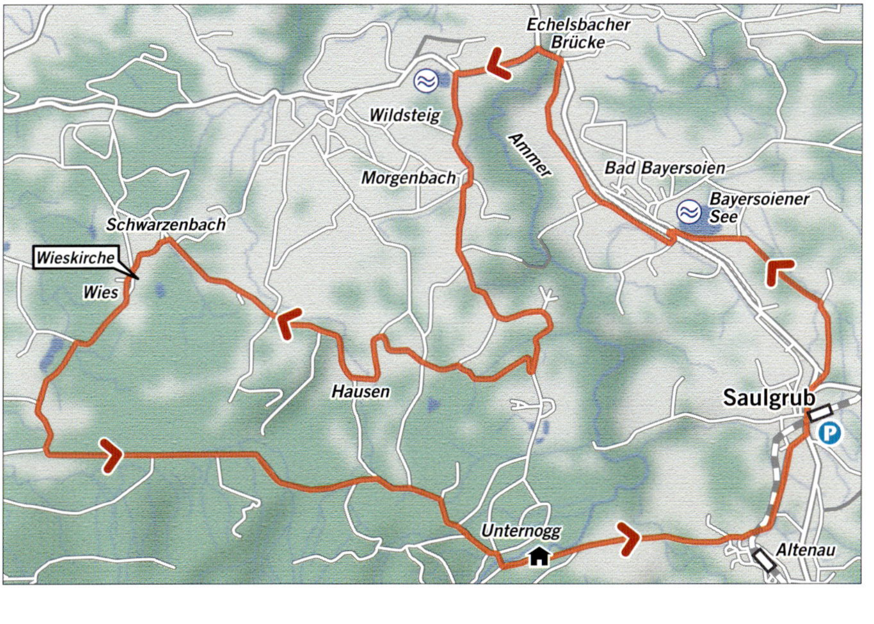

Der Gastgarten am Forsthaus Unternogg

Tipp! **Eröffnung der Wildwochen**

Auf große Resonanz stößt jährlich die meist am letzten Freitag im September mit großem Zeremoniell begleitete Eröffnung der Wildwochen. Die vor dem Haus vis-à-vis der „gelegten Strecke" positionierten Jagdhornbläser erzeugen zu jedem Wild – darunter Hirsch, Reh und Gams – ein eigenes Signal. Ein Schwedenfeuer und lodernde Bäume bieten einen stimmungsvollen Rahmen. Die Plätze für das feierliche Wildbuffet sind jedoch weit im Voraus ausgebucht.

noch zum Furcht einflößenden Strom. Würden tagsüber nicht so viele Ausflügler des Weges kommen, könnte man sich fast in jene Zeit zurückversetzt fühlen, als die im Tal arbeitenden Holzrücker und Kohlenbrenner nach Feierabend im Haus des Försters einkehrten und gelegentlich über den Durst tranken.

Wenn der Küchenchef auf die Jagd geht

Im November 2007 hat Hubert Gruber die Pacht und Küchenregie dieser urigen Einkehr übernommen. Der gebürtige Niederbayer streift während der Jagdsaison gern mit der Flinte durch die umliegenden Wälder und verarbeitet das frisch geschossene Wild in der eigenen Küche. Kein Wunder also, dass die Speisekarte mit reichlich Wildgerichten versehen ist. Darüber hinaus gibt es saisonale Spezialitäten, zu Fasching etwa stehen die Schweizer Wochen an. Im Sommer beginnen die Salatwochen – die bis zu zwölf unterschiedlichen Salate kommen je nach Geschmack mit Geflügelleber, Garnelenspieß, Thunfisch, Pfannkuchenrouladen, Dörrobst oder Nüssen garniert auf den Tisch. Zu empfehlen sind auch die Süßspeisen aus der eigenen Konditorei. Sympathisch ist, dass der Radfahrer kostenlos Leitungswasser aus eigener Quelle bestellen kann.

Insgesamt ist das Forsthaus Unternogg durch die herrliche Lage und das schmackhafte Essen die perfekte Adresse für den Radfahrer. Nach der Einkehr ist der Weg über Altenau zurück nach Saulgrub nicht mehr fern, auch wenn im letzten Anstieg noch einmal ein paar Schweißtropfen fließen.

Forsthaus Unternogg

Inhaber Dagmar Jachthuber und Hubert Gruber
Küchenchef Hubert Gruber

Adresse	Unternogg 1, 82442 Altenau
Telefon	08845-8772
Mail	forsthaus-unternogg@t-online.de
Web	www.forsthaus-unternogg.de
geöffnet	Täglich 10–22 Uhr, außerhalb der Ferien Mo. Ruhetag

Schmankerltipp Doppelte Gamskraftbrühe mit Wildleberknödel und frischem Garten-Schnittlauch (4 €), schussfrische Wildleber mit gerösteten Zwiebelscheiben, Trauben und Walnüssen, dazu Speckbratkartoffeln (13,80 €), Rehkeule aus umliegender Jagd in einer mit dunklem Portwein verfeinerten Wacholderrahmsoße, mit unseren hausgemachten Eierspätzle und marktfrischem Gemüse, dazu frische Preiselbeeren und Blätterteigkörbchen (16,40 €), frische gratinierte Früchte mit Walnusseis (4,20 €)

Aktivität: Ski-Langlauf, Wanderung | Gastronomie: regionale Spezialitäten

Sonnenhof vor traumhafter Loipe

Skilanglauf zwischen Kaltenbrunn und Klais

Immer wieder staunt man darüber, wie sich auf dem Weg von Garmisch-Partenkirchen Richtung Mittenwald die Schneeverhältnisse verändern: Im Gegensatz zum relativ schneearmen Loisachtal verwandeln sich Bäume und Wiesen im Nordschatten des Wettersteingebirges ab Kaltenbrunn häufig in eine winterliche Märchenlandschaft. Bei der Fahrt in den Süden beobachtet man bereits von der Straße die Langläufer, wie sie sich mehr oder weniger elegant auf der Loipe bewegen. Mindestens ebenso häufig ist man bei Klais am Sonnenhof vorbeigefahren, ohne zu wissen, welch wohlschmeckende Küche sich in diesem Landgasthof verbirgt. Grund genug, Loipe und Gasthof einmal auf die Probe zu stellen.

Loipenspaß zwischen Kaltenbrunn und Klais: auf gepflegter Spur voller Elan in Richtung Soiernspitze und Mittenwalder Karwendelkette

Gasthof-Café Sonnenhof

Inhaber Familie Schöttl
Küchenchef Alfred Schöttl

Küche Regionale Spezialitäten

Adresse Hauptstr. 28–30, 82493 Klais

Telefon 08823-938000

Mail Sonnenhof-Klais@t-online.de

Web www.Sonnenhof-Klais.de

geöffnet Täglich außer Di. 7–22 Uhr, warme Küche 11.30–14.30 und 18.30–21 Uhr, im Nov./Dez. geschlossen

Übernachtung Moderne Fremdenzimmer in ländlichem Stil

Schmankerltipp Kartoffelrösti mit frischen Tomaten belegt und Raclettekäse überbacken, dazu kleiner Salatteller (8,90 €), Tafelspitz vom heimischen Jungbullen mit Meerettichsahnesoße, frischem Wirsinggemüse und Petersilienkartoffeln (11,90 €), Lammhüftsteak auf Steinpilzrahmsoße mit frischen Kräutern und Kartoffelrösti (14,20 €)

Der Sonnenhof mit den freundlichen Gastgebern und appetitanregendem Essen (Tafelspitz vom heimischen Jungbullen)

Loipentraum mit Karwendelblick

Durch die relativ schattige und hohe Lage ist die Loipe zwischen Klais und Kaltenbrunn auch in milderen Wintern schneesicher. Bei Vereisung wird die Spur allerdings schnell und die kleinen Abfahrten geraten für etwas unsicherere Langläufer zu einer echten Prüfung. Vor allem die Abfahrt nach Kaltenbrunn – wo mitunter Biathleten und Langlauf-Asse wie Evi Sachenbacher trainieren – ist recht rasant. Insgesamt ist die Loipe durch die ständigen Wechsel zwischen kleinen Anstiegen und zügigen Abfahrten sowie die kurvenreiche Streckenführung sehr attraktiv. Auf dem Rückweg genießt man zudem von den freien Wiesen den herrlichen Blick auf das Karwendelgebirge.

Vor der letzten Abfahrt besteht die Möglichkeit, die Loipeneinheit um eine reizvolle Zugabe rund um den Barmsee zu erweitern. Hierzu fährt man zur Bundesstraße ab, unterquert diese und stößt bei Gerold auf die Rundloipe. Am Barmsee angekommen quert man an dessen Nord- und Westufer und bewältigt anschließend den steilen Anstieg zum benachbarten Geroldsee. Dann folgt mit großartigem Blick auf das Wettersteingebirge die rasante Abfahrt über Gerold zurück zu unserer Ausgangsloipe.

Ware vom benachbarten Hofladen

Auch Alfred Schöttl, der Wirt des Sonnenhofs, ist – sofern es die Zeit erlaubt – mit viel Freude auf der Loipe zwischen Klais und Kaltenbrunn unterwegs. Nur die B 2 und das Bahngleis trennen den Landgasthof vom einladenden Parcours. Leider fehlt die direkte Verbindung, sodass wir die Einkehr am besten von Klais mit dem Auto ansteuern. Der Zwischenstopp lohnt sich, da Alfred Schöttl als Küchenchef viel Wert auf feine, frische Speisen legt. Rund 80 Prozent seiner Ware bezieht er vom benachbarten Hofladen „Beim Schweb", der in seinem großen Sortiment vor allem frische Fleisch- und Wurstwaren führt. Die eigene Schafzucht besteht aus 700 Tieren, die den Sommer auf der benachbarten Weide verbringen. Demzufolge stehen im Sonnenhof immer wieder frische Lammgerichte auf der Speisekarte. Doch auch der zarte Tafelspitz vom heimischen Jungbullen und viele andere Gerichte schmecken bodenständig und gut.

Alfred Schöttl betreibt den Landgasthof zusammen mit seiner Frau Natascha, die ihn in der Küche unterstützt, seit 1997 bereits in dritter Generation. Nataschas Großvater Georg Seitz hatte den Hof knapp 30 Jahre zuvor gekauft und dort dank seiner Vorliebe für Pferde auch eine kleine Landwirtschaft betrieben. Obwohl die heutigen Inhaber sich einer gewissen Modernisierung nicht verschließen, fühlen sie sich den traditionellen Werten bis heute verpflichtet. Dazu gehört auch die authentische und ehrliche Küche mit der Verarbeitung von frischen Produkten aus der Region.

Aktivität Ski-Langlauf

Loipe Rundloipe Klais → Kaltenbrunn (10 km) Abstecher kleine Barmseerunde (6 km + 4 km Verbindungsloipe); Weltcuprunde bei Kaltenbrunn (5 km)

Anfahrt

ÖVM Deutsche Bahn (DB) über Garmisch nach Klais (Richtung Mittenwald)

Auto A 95 und B 2 nach Garmisch-Partenkirchen, Parkmöglichkeit im Dorfzentrum Kaltenbrunn oder am westlichen Ortsrand bei der Skischule

Navigation N 47.487774°, E 11.179276°

Charakter Die Loipe zwischen Klais und Kaltenbrunn weist mehrere kleinere Steigungen und Abfahrten auf und ist von geübten Loipisten problemlos zu meistern. Ähnlich vom Profil verläuft die Barmseerunde, die jedoch durch die Sonneneinstrahlung nicht so schneesicher ist. Die Weltcuprunde bei Kaltenbrunn ist durch mehrere Steilpassagen eine Herausforderung für Könner. Neben der Diagonalspur sind die Loipen auch für Skater gespurt.

Karte Unterwegs erleichtern mehrere Infotafeln mit Loipenplan die Orientierung.

Wander-Tipp Etwas östlich des Sonnenhofs beginnt in Klais ein schöner Wanderweg um den Grub- und Barmsee (ca. 1 ½ Std.) mit Bademöglichkeiten.

Loipenspaß zwischen Kaltenbrunn und Klais

Aktivität: Bergwanderung, Ski-Langlauf | Gastronomie: bayerische und internationale Küche

Blaue Berge, blaues Blut

Durch die Wolfsschlucht auf den Schildenstein

Wildbad Kreuth liegt versteckt auf einer Anhöhe des Tegernseer Tals. Bekannt ist dieser Ort vor allem durch die CSU, die hier regelmäßig in Klausur geht. Schräg gegenüber dem feudalen Tagungsgebäude bereitet der ehemalige Hirschberg-Wirt Axel Winkelmann seit 2009 im Gasthaus Altes Bad vorzügliche Speisen zu. Die urgemütliche Einkehr kennen jedoch nur wenige Politiker von innen, vermutlich weil ihnen dort zwischen den Sitzungen die Presse wie ein lästiger Schwarm Fliegen am Jacket hängen würde. Dafür kehrt Herzog Max in Bayern als Eigentümer mit seinen fünf Töchtern immer wieder im Alten Bad ein. Blaues Adelsblut am roten Quellbach, der zwischen Gasthaus und neu errichtetem Biergarten zu Tale sprudelt. Im Gegensatz zu früher, als sich hier die Zarin von Russland, dazu Prinzen, Hofräte und Dichter die Ehre gaben, profitieren heute vor allem die Wanderer von der guten Küche.

Beim Einstieg in die Wolfsschlucht passiert man einen eindrucksvollen Wasserfall.

Aktivität	Bergwanderung
Gehzeit	4 ½ Std.
Höhenmeter	800
Strecke	12 km

Route Wildbad Kreuth → Siebenhütten → Wolfsschlucht → Schildenstein (1613 m) → Königsalm → Wildbad Kreuth (Altes Bad)

Anfahrt

ÖVM Mit der Bayerischen Oberlandbahn (BOB) nach Tegernsee, dort in den RVO-Bus 9556 zum großen Wanderparkplatz in Wildbad Kreuth umsteigen

Auto Nach Anfahrt über den Tegernsee (B 307) kann man an der Hanns-Seidel-Stiftung parken.

Navigation N 47.622856°, E 11.744599°

Charakter Bis zur Wolfsschlucht einfache Wanderung im Tal der wilden Felsweißach, dann geht es teilweise drahtseilgesichert durch die schattigen Steilhänge empor. Die Besteigung des Schildensteins und der folgende Genussabstieg werden wieder auf bequemen Steigen zurückgelegt.

Wegweiser Siebenhütten und Schildenstein sind gut beschildert, Abstieg auf Wanderweg BB 2 und BB

Karte Kompass-WK 8 Tegernsee

Langlauf-Tipp Im Winter locken die schneesicheren Loipen von Wildbad Kreuth Richtung Glashütte (9 km) und Tegernsee (insgesamt 50 km).

Wildwasser und Bergromantik

Die romantische Wolfsschlucht bei Wildbad Kreuth ist eines der begehrtesten Wanderziele im bayerischen Alpenraum. Geübte Wanderer erklimmen sie auf dem Weg zum Blauberggrat. Wer gerne am Wildwasser wandert, kommt beim Anstieg in die Schlucht voll auf seine Kosten: Bis zu den Siebenhütten begleitet uns die reißende Hofbauernweißach auf Schritt und Tritt, beim Abbiegen in das Tal der Wolfsschlucht spritzt uns das Wasser der Felsweißach entgegen und im Talschluss schießen gar kleine Wasserfälle zu Tale. Beim Aufstieg durch die Schlucht muss man auf den Anblick des Wassers zwar verzichten, dafür trifft man in der wilden Felslandschaft mit etwas Glück auf Gamsrudel.

Im oberen Abschnitt flacht das Gelände ab, man erreicht den Blauberggrat zwischen

Glückliches Gipfel-Quintett an einem strahlend schönen Herbsttag

Schildenstein und Predigtstuhl. Reizvoll ist die Tour über den gesamten Grat und diverse Gipfel zur Halserspitze, doch ist man hier insgesamt rund sieben Stunden unterwegs. Viele begnügen sich daher mit der Variante über den Schildenstein, von dessen Gipfel man den Blauberggrat sehr schön überblickt. Im Süden grüßen hinter dem nahen Guffert das Rofan- und Karwendelgebirge. Nach der Gipfelschau wandert man mit der Nachmittagssonne im Gesicht gemütlich über die Geißalm abwärts; möglich ist auch der kurze Umweg über die Königsalm. Im Talboden überquert man die Hofbauernweißach auf einer Brücke und erreicht an der Kreuther Fischzucht vorbei nach kurzem Gegenanstieg das Alte Bad.

Frischer Wind im Alten Bad

Im Alten Bad verwöhnen Johanna und Axel Winkelmann ihre Gäste mit freundlichem Service und vorzüglichem Essen. Im Gourmetführer Gault Millau wurde der Küchenchef bereits mehrmals mit dreizehn Punkten und einer Haube belohnt. Der aus Niedersachsen stammende Gastronom gilt als Meister des Verfeinerns. Die Kombination aus delikater Küche und Wertschätzung regionaler Produkte hat ihm 2010 die Goldmedaille im Wettbewerb „Bayerische Küche" beschert; im „Hirschberg" war es noch die silberne gewesen. Einen besonders kurzen Weg haben die Forellen und Saiblinge aus der herzoglichen Fischzucht. Während abends der Gourmet voll auf seine Kosten kommt, stehen mittags für den Wanderer und für Familien etwas bodenständigere Gerichte auf der häufig wechselnden Speisekarte.

Nach der Übernahme im Januar 2009 hat das Wirtspaar durch umfassende Renovierungsarbeiten das Erscheinungsbild der Stube zum Vorteil verändert. Auch der Biergarten, in dem

Behagliche Atmosphäre in der Gaststube.

man ebenfalls von der Karte bestellt, ist nach Überwindung behördlicher Hürden eröffnet worden. Erwähnenswert ist zudem das eigene Brot, das vor dem Backen mit Tegernseer Dunkelbier aufgegossen wird, das eigene Quellhaus mit schwefeleisenhaltigem Wasser und das sogenannte Bad Schnapserl, das Axel Winkelmann zusammen mit dem Edelbrand-Brenner Anton Huber kreiert (siehe Tipp!).

Gasthaus Altes Bad

Inhaber und Küchenchef Axel Winkelmann

Adresse Altes Bad 2, 83708 Wildbad Kreuth

Telefon 0 80 29 - 304

Mail anfrage@altesbad.de

Web www.altesbad.de

geöffnet Täglich außer Mo. / Di. 11.30–23 Uhr, Biergarten bei schönem Wetter ab 10 Uhr

Schmankerltipp Bunter Salat mit Backhendlstreifen (10,20 €), fangfrische Forelle „Müllerin" mit flüssiger Butter und Petersilienkartoffeln (14,20 €), ofenfrischer Schweinsbraten aus der Schulter mit Kartoffelknödel und Speck-Krautsalat (9,90 €), frische Apfelkücherl in Zimtzucker mit Vanilleeis (7 €)

Tipp! **Bierbrot und Bad Schnapserl**

Um neue Ideen ist Wirt und Spitzenkoch Axel Winkelmann nie verlegen: Gemeinsam mit dem Kreuther Bäckermeister Josef Sankjohanser junior hat er am Rezept für das unverwechselbare „Alte Bad Hausbrot" gefeilt. Statt Wasser wird einfach Tegernseer Dunkel mit der Teigmasse verarbeitet, was das Brot würzig und saftig schmecken lässt. Nicht minder empfehlenswert ist das mit dem Rottacher Edelbrand-Experten Anton Huber kreierte hauseigene Bad Schnapserl, ein wohlschmeckender 42-prozentiger Mix aus Apfel-Birnen- und Aprikosen-Brand. Das begehrte Produkt, dessen Aufkleber das historische Gasthaus zeigt, ist in drei verschiedenen Flaschengrößen vor Ort erhältlich.

Aktivität: Radtour | Gastronomie: bodenständig gut mit Tiroler Einschlag

Nach kurzer Abfahrt ist die Schwarzentennalm erreicht.

Bayerische Bilderbuchkulisse

Radrundtour zwischen Bad Wiessee und Wildbad Kreuth

Der Toni Buchberger hat am 31. Juli 1966 mit der Eröffnung der Almhütte einen verdammt guten Riecher bewiesen. Als der Tourismus noch in zarten Kinderschuhen steckte, gründete er in dieser privilegierten Lage über dem Tegernseer Talboden eine Café- und Brotzeitstube. Am selben Tag verlor Deutschland das Fußball-WM-Finale in Wembley mit 2:4 gegen England, was der heutige Wirt Georg Ertl als Mitglied des FC Bayern gerne hervorhebt. Nach vielen Jahren hat er sich sogar den Wunsch eines Arena-Besuchs in München-Fröttmaning erfüllt: beim 1:0-Sieg gegen Olympique Lyon im Champions League-Halbfinale 2010. Und auch beim Biathlon-WM-Auftakt 2012 in Ruhpolding war der sportbegeisterte Wirt zugegen.

Hoher Landschaftsgenuss

Dieser erstklassige Logenplatz mit hervorragender Küche verdient eine adäquate Aktivität zur Einstimmung. Die in Bad Wiessee beginnende Radrundtour führt wechselweise an drei sprudelnden Bächen entlang, über herrlich blühende Almwiesen und offenbart die prächtige Bergkulisse aus verschiedenen Blickwinkeln. Erster Höhepunkt ist das schattige Söllbachtal, das wir auf einer moderat ansteigenden Forststraße durchqueren. Ein kurzes Steilstück bloß, und vor uns öffnet sich ein wunderschönes Hochtal mit weiten, saftigen Almwiesen am Fuß des Doppelgipfels Roß- und Buchstein.

Nach Passieren der Schwarzentennalm – die ebenfalls eine gute Küche bietet – folgt im Tal des Schwarzenbachs eine rasante Abfahrt

Herrlicher Streckenverlauf an der Weißach zwischen Winterstube und Wildbad Kreuth

Almgasthaus Café Aibl

Inhaber Anita und Georg Ertl jun.
Küchenchef Georg Ertl jun.

Adresse	Berghaus 49, 83708 Kreuth-Scharling
Telefon	0 80 29 - 437
Mail	info@aibl.de
Web	www.aibl.de
geöffnet	Täglich außer Mi. und Do. ab 11 Uhr

Schmankerltipp Pfifferlingsknödel mit Parmesan, brauner Butter und Feldsalatgarnitur (8,20 €), Hirschhackfleischsauce auf breiten Bandnudeln mit Tegernseer Bergkäse (10,50 €), unser bester karamellisierter Kaiserschmarrn mit Apfelmus oder Preiselbeeren (8,50 €), hausgemachter Mohr im Hemd mit Schokoladensauce und Vanilleeis (7,50 €)

Das grüne Dickicht scheint das Almgasthaus Aibl fast zu verschlingen.

Der karamellisierte Kaiserschmarrn ist eine Spezialität des Hauses.

Georg Ertl in seinem Element …

über den Forstweg zum Parkplatz Winterstube im Weißachtal. Der Fluss wird überquert und ist auf beschilderter Route bis Kreuth unser Begleiter. Im Ort die Weißach auf der Brücke überqueren; dabei sieht man den Leonhardstein als stolzes Felshorn in den Himmel ragen. Weiter rechts ein kurzes Stück auf der B 307 zum Ortsende, dann links auf dem Gräfin-Schlippenbach-Weg in Richtung Scharling. Als ob man sich Speis und Trank erst verdienen müsste, wartet zum Schluss noch die enorm steile Asphaltrampe zum Almgasthaus Café Aibl.

Der mit den Sternekochs flirtet

Am Parkplatz angekommen, steigen einem meist schon die ersten appetitanregenden Essensdüfte in die Nase. Immerhin kochte der Ertl Schorsch im Rahmen des Tegernseer Gourmetfestivals bereits dreimal im Spätherbst mit renommierten Spitzenköchen wie Markus Bischoff oder Michael Fell in einer Liga. Keine schlechte Visitenkarte, auch wenn die offizielle Tageskarte nicht auf die typische Feinschmeckerküche ausgerichtet ist. Seit fünf Jahren wird das

Almgasthaus bei „Genießerland Tegernsee" als kulinarische Vorzeigeadresse geführt.

Seit 2001 leitet Georg Ertl junior mit seiner Frau Anita das Almgasthof Café Aibl als Familienbetrieb und hält seitdem die Küche auf hohem Niveau. Eine seiner Spezialitäten sind Wildgerichte wie Hirschkalbsragout in Wacholderrahm oder Rehrücken rosa gebraten mit frischen Beilagen der Saison. Die Jagd ist offenbar eine Leidenschaft der Ertl-Familie: In der Gaststube hängt ein Foto aus der Mongolei, auf dem der Vater mit seiner Jagdbeute zu sehen ist. Abgesehen davon, dass der Vater dem Sohn zum Verwechseln ähnlich sieht, teilt Georg Ertl junior während der Hirschbrunft auch die Jagdleidenschaft des Seniors. Bei seinen Streifzügen durch die Wälder, die er als Ausgleich zum täglichen Stress in der Küche so richtig genießt, sind selbst die Alpensteinböcke am Achensee nicht vor seiner Flinte sicher. Aber das Jagdfieber wird die inzwischen in Rente gegangene Bedienung Astrid nicht gemeint haben, als sie uns gegenüber ihrem Chef scherzhaft ein „Temperament wie tausend Russen" bescheinigte.

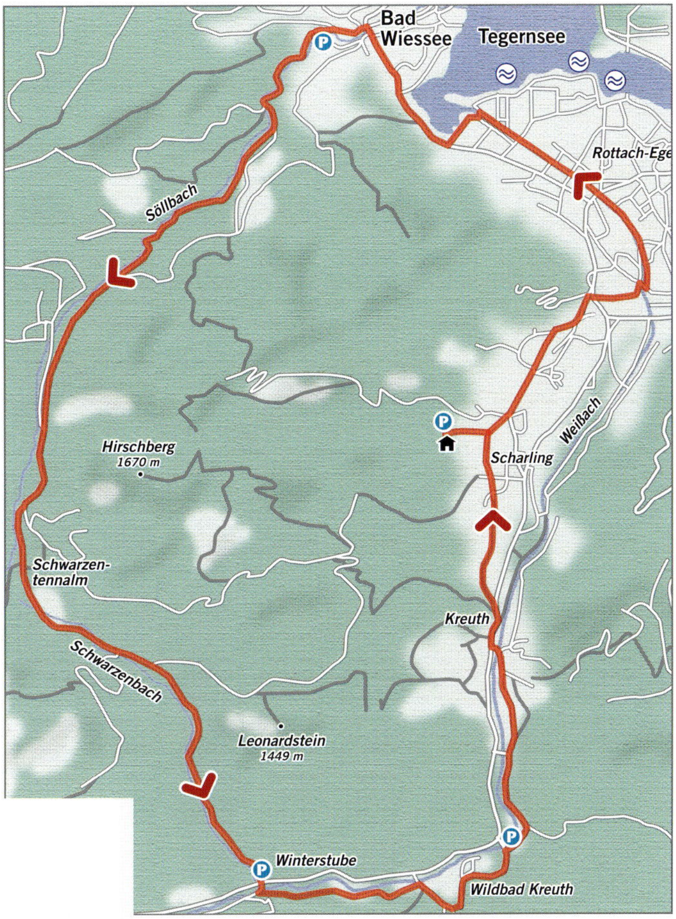

Aktivität	Radtour
Fahrzeit	2 ½ Std.
Höhenmeter	350
Strecke	33 km

Route Bad Wiessee → Schwarzentennalm → Wildbad Kreuth → Scharling → Rottach Egern → Bad Wiessee

Anfahrt

ÖVM Mit der Bayerischen Oberlandbahn (BOB) von München zum Bahnhof Gmund am Tegernsee und auf der westlichen Uferstraße nach Bad Wiessee; als Rückweg empfiehlt sich die Uferstraße über Rottach-Egern nach Tegernsee

Auto Auf der B 318 von Holzkirchen nach Gmund und am westlichen Tegernseeufer nach Bad Wiessee; im Ortsteil Abwinkl rechts den Schildern in Richtung Söllbachklamm folgen

Navigation N 47.702181°, E 11.719472°

Charakter Die Tour verläuft zumeist auf radtauglichen Kieswegen abseits des Autoverkehrs in abwechslungsreicher Berglandschaft. Im Söllbachtal kontinuierlicher Anstieg mit einer Steilpassage, dann geht es – von der Steilrampe zum Café Aibl abgesehen – im Prinzip nur noch bergab.

Karte ADFC-RK München / Alpenvorland, 1:75 000

Kaiserschmarrn und abfahren

Als Dessert teilen sich zwei Personen noch die Hausspezialität „Unser bester karamellisierter Kaiserschmarrn", der mit Apfelmus oder Preiselbeeren serviert wird. Dann fährt man frisch gestärkt nach Scharling ab, folgt links der Straße zur B 307, quert ostwärts zur Weißach und steuert an deren rechten Ufer auf Hofbauernstraße und Weißachdamm bis zum Tegernsee. Dort ein kurzes Stück links und auf der B 318 rasch zum Ausgangsort Bad Wiessee zurück.

Aktivität: Radtour, Rodeln | Gastronomie: bayerische und internationale Küche

Bavaria Blu zwischen zwei Seen

Radtour zwischen Schliersee und Tegernsee

Auf diesen Schlussanstieg zur Kreuzbergalm könnte man zwar verzichten, aber allein der Aussicht wegen lohnt dieser letzte Kraftakt.

Die Ostiner Stuben ist ein Musterbeispiel dafür, wie man Heimatverbundenheit und Offenheit gegenüber fremder (Ess-)Kulturen miteinander verknüpfen kann. Und wenn Wirt Manfred Groß die etablierte Einkehr ab Herbst 2013 aufgeben wird, führt er sein erfolgreiches Konzept in der nur vier Kilometer entfernten Fehner Schmiede fort. Vor der empfehlenswerten Einkehr schnuppern wir bei unserer Bike-Tour zum Tegernsee noch die würzige Bergluft.

Biken zwischen zwei Seen

Südlich vom Haushamer Bahnhof geht es auf der Naturfreundestraße rasch zur Schlierach, an deren Ufer der Bodensee-Königssee-Radweg leicht, aber beständig ansteigend zum Schliersee verläuft. Im Breitenbachtal verlassen wir den offiziellen Radweg und nähern uns dem ersten Anstieg. Etwa 300 Meter vor Erreichen des Hennererhofs (siehe Tour 2) zweigt unsere Route nach links in das Tufftal ab, ein kleiner Umweg zwar mit „überflüssigen“ Höhenmetern, aber landschaftlich überaus reizvoll. Der Forstweg entlang des Tuffbachs bis zur Unteren Krainsbergalm ist eine

sportliche Herausforderung, dann durchqueren wir sanfte Almwiesen. Zurück im Wald stoßen wir auf ein Wegkreuz mit der Richtungsvorgabe Lahner Höhenweg.

Nach genussreicher Waldquerung folgt eine Abfahrt in das hintere Breitenbachtal; im Tal dann links abbiegend eine 200 Meter lange Steilrampe, auf der unser Abfahrtsschwung rasch verpufft. Dann stellt unser „Prinzenweg" – anfangs immer noch steil – durch holprigen Untergrund unsere Fahrtechnik auf die Probe. Der Weg mutiert zum Trail und führt zuletzt flach über wonnig weichen Sumpfboden zu einem soliden Wirtschaftsweg. Vom kleinen Hochplateau fehlen noch 75 Höhenmeter über den freien Wiesenhang bis zur im Jahr 1738 erbauten Kreuzberg-Alm, ein Abstecher, der jeden Schweißtropfen wert ist!

Über den Tegernsee nach Ostin

Es folgt eine sechs Kilometer lange Traum-Abfahrt zum Tegernsee, die – zuletzt auf der asphaltierten Max-Joseph-Straße – erst an der Bahnhofstraße endet. Dann quert man auf dem Gmunder Höhenweg, wo offiziell Radverbot herrscht. Rücksichtnahme auf Fußgänger ist hier also geboten, auch wenn Schieben angesichts des weichen Waldbodens schwer fällt. Auch ab den oberen Häusern von Sankt Quirin gilt das Radverbot bis zum Buchbergweg!

Aktivität	Biketour
Fahrzeit	3 Std.
Höhenmeter	860
Strecke	31 km

Route Hausham → Schliersee → Kreuzberg-Alm → Tegernsee → Ostin → Hausham

Anfahrt

ÖVM Bayerische Oberlandbahn (BOB) nach Hausham

Auto A 8 Ausfahrt Weyarn, St2073 nach Miesbach, B 307 nach Hausham, Parkplatz am Bahnhof

Navigation N 47.750722°, E 11.839743°

Charakter Mittelschwere MTB-Tour, die trotz zwei Drittel Kiesanteil auch mit dem Tourenrad möglich ist. Nach gemütlichem Einrollen folgen zwischen Tufftal und Kreuzberg-Alm zum Teil anspruchsvolle Anstiege. Ab Tegernsee meist erholsame Passagen mit einigen kurzen Gegenanstiegen. Achtung: Am Gmunder Höhenweg herrscht teilweise Radverbot!

Wegweiser Königssee-Bodensee-Radweg zwischen Hausham und Schliersee sowie Ostin und Hausham; vom Tufftal „Prinzenweg zum Tegernsee"

Karte Kompass Nr. 8 Tegernsee Schliersee Wendelstein, 1:50.000

Rodel-Tipp Rodelabfahrt von der Neureuth zur Schnapsbrennerei Oberbuchberg (siehe Tour 4)

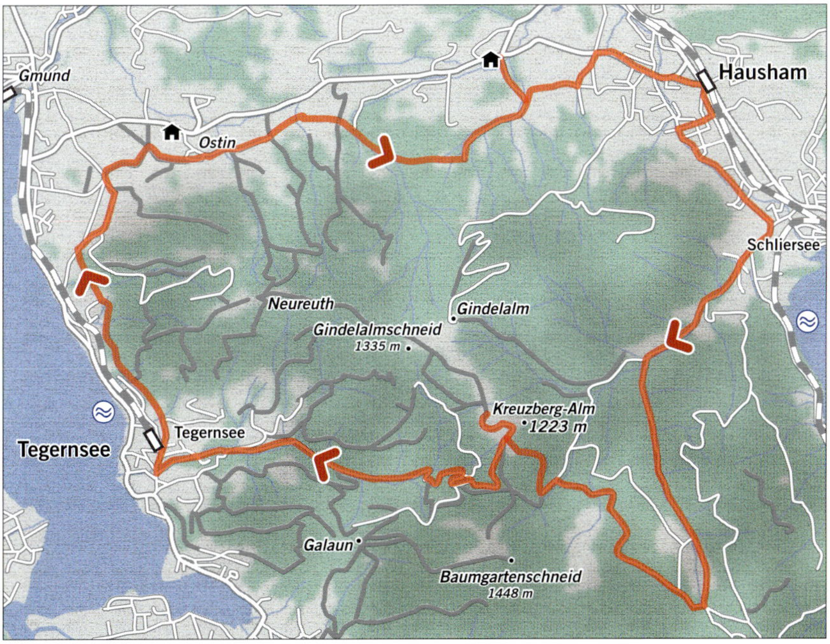

Mediterraner Antipastiteller

Ostiner Stuben

Inhaber und Küchenchef Manfred Groß
Service Manuela Stangl-Groß

Adresse Schlierseer Straße 60, 83703 Gmund / Ostin

Telefon 08022-76348

Mail info@ostinerstuben.de

Web www.ostinerstuben.de

geöffnet Täglich außer Di. 17–0 Uhr, Mo. / Fr. / Sa. auch 11.30–14.30 Uhr, So. / Fei. ab 10 Uhr

Schmankerltipp Ostiner Magentratzerl (4,90 €), Zanderfilet in der Kartoffelkruste (14,50 €), sonntags ab 17 Uhr Haxerlabend – knuspriges Spanferkelhaxerl mit Tegernseer Biersoße, Kartoffel- und Brez'nknödel sowie hausgemachtem Speckkrautsalat (7,90 €), Bayerisch Creme im Glas mit Marillenröster (5 €)

Hinweis Ab Herbst 2013 gibt Manfred Groß die Ostiner Stuben auf und konzentriert sich auf seine „Zweigstelle", die Fehner Schmiede. Sie liegt nur knapp 4 km von Ostin entfernt an der St2076 Richtung Hausham. Essenskonzept und Öffnungszeiten werden dann im Internet (www.fehnerschmiede.de) kommuniziert.

Vom Buchbergweg zweigt eine kurze Steilrampe in den Ortsteil Gasse ab, dann geht es, nun auf dem Bodensee-Königssee-Radweg, gemütlich zur Ostiner Stuben (kleiner Abstecher auf der Neureuthstraße zur St2076).

Stets neue Herausforderungen

Obwohl der Pächter und Küchenchef Manfred Groß als gebürtiger Gmunder mit seiner Heimat fest verwurzelt ist, reicht sein kulinarischer Weitblick über die Tegernseer Grenzen hinaus bis in alle möglichen Länder. Je nach Saison und Experimentierfreude gibt es auch mediterrane und asiatische Kost. Da der Gastronom nichts mehr fürchtet als Gewohnheitstrott und Monotonie, macht er der Kundschaft mit diversen Aktionen Appetit. Selbst die heimatverbundenen Stammgäste schätzen seine experimentierfreudige Küche, weil sich über Jahre hinweg Vertrauen aufgebaut hat. Und so freut sich jeder, wenn mal wieder scharfe Mie-Nudeln auf den Tisch kommen oder ein Caciu all' arginerta – ein würziger Käse aus Palermo – in der Pfanne schmort.

Andererseits sind auch seine heimischen Spezialitäten nicht zu verachten. Wir kosteten Grießnockerl auf frisch geschwenktem Blattspinat, überbacken mit dünnen Tomatenscheiben und dem bayerischen Edelpilzkäse Bavaria Blu. Köstlich waren auch die Kürbisravioli mit italienischem Coppa und Parmesan: Die frischen Nudeltaschen wurden mit Ricotta-Kürbisfüllung in zerlassener Butter serviert, garniert mit gebratenen Kürbis- und Zucchiniwürfeln sowie gerösteten Kürbiskernen. Dünne Scheiben der italienischen Schinkenspezialität Coppa und geriebener Parmesan rundeten den Geschmack ab. Somit genossen auch wir eine pikante internationale Note. Die Tagesschmankerl erscheinen übrigens täglich auf facebook.

Nach der Einkehr geht es über zwei garstige Geländekuppen, dann folgt die Abfahrt in ein blütenreiches Niedermoor mit Trollblumen und Knabenkräutern. Im Haushamer Ortsteil Gschwendt hält man sich links zu St2076 und Fehner Schmiede, in die Manfred Groß 2013 komplett umziehen wird.

Aktivität: Bergwanderung, Rodeln, Ski-Langlauf | Gastronomie: bayrisch, gehoben, kreativ

Über den Wolken: Am Gipfelhang des Breitensteins zwischen Weihnachten und Neujahr.

Zurück zu den Wurzeln

Wanderung von Birkenstein auf den Breitenstein

Der Elbacher Schmied-Wirt blickt auf 400 bewegte Jahre Wirtshausgeschichte zurück. Das meiste Aufsehen erregte der Wirt und Hammerschmied Karl Quercher im Jahr 1876, als aus seinem Jagdgewehr ein nie aufgeklärter Mord verübt wurde. Einige Jahrzehnte später erblickte Georg Stickl im Schmied-Wirt-Anwesen das Licht der Erde, und nach einem zwischenzeitlichen Umzug nach Wasserburg am Inn kehrte der Wirt 2011 zu seinen Wurzeln zurück. Der perfekte Zeitpunkt, um Georg Hubertus Stickl junior die Küchenregie zu überlassen, der nach seiner Ausbildung im Sternelokal Christians Restaurant in Kirchdorf die Speisen mit viel Raffinesse, Kreativität und Liebe zum Detail zubereitet.

Rundtour auf den Breitenstein

Der Schmied-Wirt liegt quasi am Fuß des Breitensteins. Idealer Ausgangsort für dessen Besteigung ist jedoch Birkenstein bei Fischbachau. Der Anstieg zur Kesselalm verläuft auf der 2,5 km langen Rodelbahn, die mit einem durchschnittlichen Gefälle von 18 Prozent die wahren Könner herausfordert. Während im Winter beim Wandern mit der vereisten Bahn Probleme auftreten können, gelangt der Wanderer bei trockenen Bedingungen ob der rhythmischen Steigung rasch zur Kesselalm. Von der Alm wird der baumfreie Nordwesthang des Schweinsbergs gequert, bevor auf Höhe

Das Feuer ist schon entfacht, jetzt fehlt nur noch das Fleisch für den Buchenholz-Grill …

Ansitz zum Schmied-Wirt

Inhaber und Küchenchef Georg Hubertus Stickl

Adresse Ötzstr. 2, 83730 Fischbachau / Elbach

Telefon 08028-9025971

Mail georg-stickl@t-online.de

Web www.ansitz-zum-schmied-wirt.de

geöffnet Di.–So. ab 17.30 Uhr

Schmankerltipp Gegrilltes mediterranes Ofengemüse mit Olivenöl (4,50 €), Kasnocken an Blattsalaten und gegrillter Fisch (12,50 €), Kalbshüftsteak vom Buchenholz-Grill auf mariniertem Chicoree, Ofenkartoffel und Sauce Choron (16,50 €), Schokoladentörtchen mit Beerenröster (6,50 €)

der Materialseilbahn eine flache Einsattelung erreicht wird. Erstmals zeigt sich der Wendelstein mit seiner grimmigen Nordwand. Der Schlussanstieg durch den steilen Südhang verläuft ein gutes Stück westlich der Seilbahn und führt im oberen Bereich zwischen kleinen Felsbändern hindurch. An der Hubertushütte taucht bereits das Gipfelkreuz des Ostgipfels (1622 m) auf.

Platz für die Brotzeit findet man am Breitenstein zur Genüge, im Schutz der Latschen lässt es sich auf der Sonnenseite des Berges auch an kühleren Tagen angenehm sitzen. Beim Anblick des pyramidenförmigen Großvenedigers (3674 m) im Süden schmeckt die Brotzeit gleich viel besser. Obwohl der Westgipfel etwas tiefer ist, ist er mit einem massivem Holzkreuz geschmückt. Von hier offenbart sich das schöne Leitzachtal in seiner ganzen Länge. Der Abstieg führt zunächst geradewegs auf die Dorfkirche von Elbach zu, biegt dann aber auf Höhe der Bucheralm in südliche Richtung ab. Der direkte Weg nach Elbach und zum Schmiedwirt macht nur dann Sinn, wenn man sich zuvor nach einer geeigneten Verbindung mit dem RVO-Bus erkundigt hat.

Fleisch vom Buchenholz-Grill

In der Stube verbreitet der offene Buchenholz-Grill auf Anhieb Behaglichkeit und Wohlbefinden. Wer ein Kalbshüftsteak, ein Rumpfsteak oder ein abgewogenes Ochsenriesensteak bestellt, kann dem Küchenchef somit bei der Zubereitung über die Schulter schauen. Das Wild, dass der Senior bei seinen Streifzügen durch die Brannenburger Wälder eigenhändig schießt, wird jedoch in der Küche zu delikaten Gerichten verarbeitet: So wird der herzhafte Gamsknödel in einer hausgemachten Kraftbrühe serviert und der rosa gebratene Rehrücken kommt zum Beispiel in Kombination mit einem Wildschweinfilet auf den Teller; als Beilagen gibt es Schlutzkrapfen in Steinpilzrahm und Blaukrautsalat. Sehr delikat schmecken auch Fischgerichte wie das Duo von Saiblingsfilet und Scampi auf Mandel-Couscous mit kleinem Salatteller oder Bodenständiges wie gratinierter Almkas auf Erdäpfel.

Hervorzuheben sind die geschmacklich perfekt abgestimmten Pointen sämtlicher Kostproben, und zwar einschließlich der Beilagen und Saucen, so wie man es von einer gehobenen Küche gewöhnt ist. Angesichts des hohen Kochniveaus ist das Preis-Leistungs-Verhältnis für den Gast sehr profitabel, und da er sich bei der zuvorkommenden und stets freundlichen Wirtsfamilie auch geborgen fühlen wird, könnte er leicht zum Stammgast avancieren. Selbst der Junior-Chef findet immer wieder Zeit, sich nach dem Wohlbefinden seiner Gäste zu erkundigen, und den Service erledigt dessen Freundin Manuela mit viel Charme und Übersicht. Da die Eltern in der Küche nach Kräften mithelfen, kommt der Ansitz zum Schmied-Wirt an vielen Tagen ohne zusätzliches Personal aus.

Gipfelfoto Breitenstein mit leichtem Damenüberschuss

Aktivität	Bergwanderung
Gehzeit	4 Std.
Höhenmeter	800
Strecke	9 km

Route Birkenstein → Kesselalm → Breitenstein → Bucheralm → Birkenstein

Anfahrt

ÖVM Mit der Bayerischen Oberlandbahn (BOB) nach Fischbachau, Wanderweg W3 nach Birkenstein, Abstieg nach Elbach, mit dem RVO-Bus nach Fischbachau oder Miesbach

Auto A 8 Ausfahrt Weyarn bzw. Irschenberg und über Fischbachau bzw. Leitzachtal nach Birkenstein

Navigation N 47.713847°,E 11.963768°

Charakter Der Anstieg zur Kesselalm verläuft auf einem Fahrweg, dann geht es in den steilen Südhang des Breitensteins. Nach Überschreitung des Doppelgipfels Abstieg über die Bucheralm mit schönem Blick in das Leitzachtal

Wegweiser Aufstieg zur Einsattelung am Schweinsberg Fernwanderweg E 4, weiterer Gipfelanstieg B 4, Abstieg B 4a

Karte Kompass-WK 8 Schliersee

Winter-Tipps Von der Kesselalm führt eine 2,5 km lange und durchschnittlich 18 % steile Rodelbahn nach Birkenstein. Im Leitzachtal gibt es schöne Loipen, vom Ansitz zum Schmied-Wirt kann man nach kurzer Abfahrt auf der Ötzstraße direkt Richtung Fischbachau und Hundham loslegen.

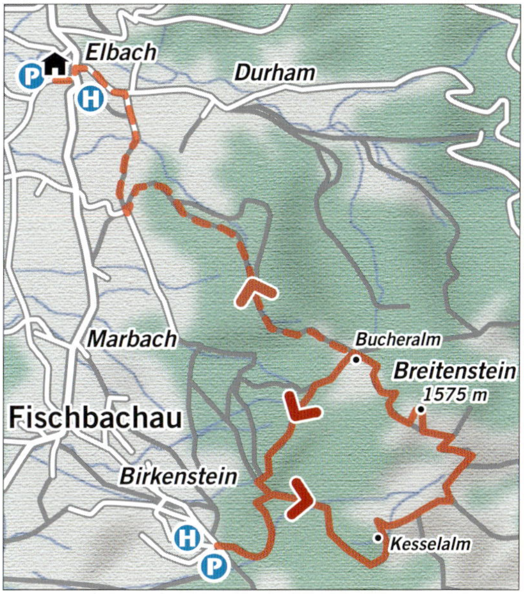

Aktivität: Radtour | Gastronomie: mediterran-bayrisch

Dorfkirche mit Obstblüte in Kleinhöhenkirchen

Blüten-Arie im Goldenen Tal

Radrundtour über dem Mangfalltal

Das Mangfalltal ist touristisch kaum erschlossen, obwohl es insbesondere rund um das Mangfallknie sehr attraktiv ist. Wie tief sich der Fluss infolge der Eiszeit in die Moränenlandschaft eingegraben hat, erfährt der Radler mittels dreier kapitaler Anstiege am eigenen Leib. Gut, dass die Schweißperlen bei der Abfahrt von Sonderdilching nach Holzolling im Fahrtwind lange wieder getrocknet sind, damit man die Schmankerlküche im Gasthaus Kreuzmair auch in vollen Zügen genießen kann. Man mag es kaum glauben, welch raffinierte Küche sich in diesem mindestens 500 Jahre alten Haus verbirgt.

Einrollstrecke Richtung Mangfalltal

Die Tour beginnt in Peiß auf der Holzkirchener und Peißer Straße bis zur Kreuzstraße sehr gemütlich, bevor hinter dem Bahnübergang der erste sanfte Anstieg beginnt. Über Hohendilching steuert man aussichtsreich über Wiesen nach Valley und von dort in rasanter Talfahrt zur Mangfallbrücke. Die Mangfall ist der wesentliche Trinkwasserlieferant der Stadt München – täglich fließen aus dem Quellgebiet rund 250 Millionen Liter in die bayerische Metropole. Die technische Nutzung des Wassers belastet jedoch den Fischbestand, da die Tiere zum Beispiel aufgrund mächtiger Stollen an ihrer Wanderschaft gehindert werden und somit keine Laichplätze mehr finden. Beim steilen Anstieg nach Sonderdilching können wir frisches Quellwasser in den Trinkflaschen gut gebrauchen. Im Ort geht es rechts, nach der Ortsausfahrt die erste Straße links zur Abfahrt in Richtung Holzolling.

Kochen mit Blüten und Kräutern

Seit über 125 Jahren bereits bezieht das Gasthaus Kreuzmair sein Bier von der Brauerei Graf Arco Valley, doch das urige Gasthaus ist immerhin viermal so alt wie diese traditionelle geschäftliche Bindung. Bei Sommerwetter genießt man vom Garten zwischen Haselnusssträuchern, Holunderbüschen, Rhododendron und Wildkräutern den Blick auf das sogenannte Goldene Tal. Nach dem oberbayerischen „Schema F“ läuft hier kaum etwas ab, schon gar nicht die überaus delikate Küche. „Kochen mit Blüten und Kräutern“ lockte 2002 das bayerische Fernsehen zu Dreharbeiten nach Holzolling. Natürliche Zutaten aus dem eigenen Garten wie Löwenzahn, Bärlauch, Gänseblümchen, Rote Knolle, Rote Beete, Spargel und Holunder dienen nicht nur zum Garnieren des Essens, sondern dürfen mitgegessen werden. Außerdem bereichert Hermann Buschak bedingt durch seine Kocherfahrung in

Mensch und Tier freuen sich bei Sonderdilching gemeinsam über den wunderschönen Frühlingstag.

Tranchen von der gebratenen Hähnchenbrust

Beste Laune an einem herrlichen Frühlingstag …

Gasthaus Kreuzmair

Inhaber Familie Buschak
Küchenchef Hermann Buschak

Adresse Westerhamer Straße 12, 83629 Holzolling / Weyarn

Telefon 08063-324

Mail info@Gasthaus-Kreuzmair.de

Web www.Gasthaus-Kreuzmair.de

geöffnet Mi.–So. ab 10 Uhr

Schmankerltipp Kräuter- und Blütensalat im Honig-Dressing mit Ziegenfrischkäse, dazu Weißbrot (8,50 €), Tranchen von der gebratenen Hähnchenbrust auf Zucker schoten mit Blattsalat garniert und Mandeldressing (11,50 €), Spanferkelleber in Balsamicosoße mit Kartoffel schnee und Feldsalat (14,80 €), „Crêpes Rotschild" – kleine Pfannkuchen mit marinierten Erdbeeren und Vanilleeis (7,20 €)

der Schweiz die bayerische Küche mit international-mediterranen Elementen. Jeden Monat kreiert der Küchenchef ein neues Abendmenü, während des „Goldenen Herbstes" etwa darf sich der Gast auf eine Suppen-Arie aus Brunnenkresse, Kürbis und Wildgeflügelconsommé oder auf

Spanferkelleber in Balsamicosoße
(für 4 Personen)

Zutaten Spanferkelleber: 600 g Spanferkelleber in dünne Streifen geschnitten, 50 g fein gewürfelte Zwiebeln, 100 g Butter (davon ein paar Flocken für den Kartoffelschnee), 4–5 EL Balsamico-Essig, ¼ l Bratenjus, Gewürze (Salz, Pfeffer, Zucker, frischer Majoran je nach Geschmack)

Zutaten Beilagen: 1 kg festkochende Kartoffeln, frisch geriebene Muscatnuss nach Geschmack, je nach Saison Blattsalat oder Feldsalat

Zubereitung der Spanferkelleber: ca. 50 g Butter in eine Pfanne geben und die Zwiebeln darin andünsten. Dann die Leber hinzugeben und kurz anbraten. Die angebratene Leber aus der Pfanne nehmen. Den Balsamico und den Bratenjus in die Pfanne geben und einkochen lassen, bis eine sämige Soße entsteht. Die fertige Soße mit Salz, Pfeffer, Zucker und frischem Majoran abschmecken. Dann die restliche Butter und die Leber wieder zur Soße geben und kurz erhitzen, nicht kochen lassen. Die Spanferkelleber auf einem Teller anrichten und mit frischem Majoran dekorieren.

Zubereitung Kartoffelschnee: Die geschälten Kartoffeln in Salzwasser kochen, durch eine Kartoffelpresse drücken und je nach Belieben gleich auf den Teller mit der Leber oder extra anrichten. Ein paar Butterflocken und die frisch geriebene Muscatnuss auf den Schnee geben. Je nach Saison Blattsalate oder Feldsalat in Essig-Öldressing als Beilage servieren.

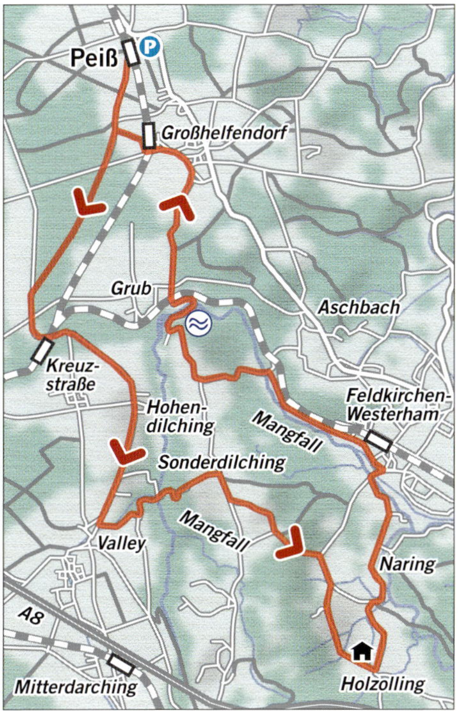

Aktivität Radtour
Fahrzeit 3 Std.
Höhenmeter 380
Strecke 35 km

Route Peiß → Kreuzstraße → Valley → Sonderdilching → Holzolling → Westerham → Mangfallknie → Großhelfendorf → Peiß

Anfahrt

ÖVM Mit der S 6 nach Peiß

Auto Über Aying zum Bahnhof Peiß

Navigation N 47.968893°, E 11.77022°

Charakter Äußerst kurzweilige Rundtour im Umkreis des Mangfalltals, in das gleich dreimal abgefahren wird. Die Gegenanstiege aus dem Tal heraus sind kurz, aber heftig. Bis auf den Forstweg im Kleinkarolinenfeld verläuft die Route meist auf kleinen Teerstraßen mit wenig Autoverkehr.

Wegweiser Bis Valley Mangfall-Radweg

Karte ADFC-RK München / Alpenvorland

Rehnüsschen auf Holunder-Preiselbeersoße mit aufgeschmolzenen Pfifferlingsknödeln freuen. Und zur selbsternannten fünften Jahreszeit finden die „Schweizer Wochen" statt.

Zurück über das Mangfallknie

Nach dem ausgezeichneten Essen rollt man von Holzolling über Naring genussvoll in das Mangfalltal nach Westerham. Dort führt zwischen Fluss und Bahngleis die Höhenkirchener Straße am Gutshof Niederaltenburg vorbei zum Anstieg nach Kleinhöhenkirchen; nach Durchfahrt durch den kleinen Ort geht es gleich wieder hinab zum Mangfallknie. Die Mangfall ist der einzige Fluss an der Alpennordseite, der nicht kontinuierlich nach Norden fließt – sie mündet weiter östlich in den Inn. Ein strenger Anstieg fehlt noch bis Grub, dann ist der Rückweg über Großhelfendorf (nach Überqueren der Bahnlinie rechts in den Kiesweg nach Göggenhofen einbiegen) nur noch Formsache.

Hausgemachte Lavendelpraline

Tipp! **Süße Geschenkideen**

Seit Oktober 2009 bietet das Gasthaus Kreuzmair seine in liebevoller Handarbeit und ohne Geschmacksverstärker und Konservierungsstoffe hergestellten feinen Pralinen und Trüffel in einem eigenen kleinen Laden an. Je nach Saison wechselt das Sortiment: Während es im Sommer z.B. Lavendel- und Erdbeerpralinen gibt, werden im Herbst und Winter u.a. Spekulatiuspralinen und Rumkugeln angeboten. Neben den Pralinen und Trüffel werden verschiedene Schnäpse, Kaffee und kleine Geschenke verkauft. Die Öffnungszeiten (Mi.–So.) sind flexibel, am besten fragt man vor Ort nach.

Aktivität: Wanderung | Gastronomie: bayerisch, international

Das Bergpanorama an der „Schönen Aussicht" reicht von den Chiemgauer Bergen bis weit in das Mangfallgebirge.

Aussichtskanzel par excellence

Wanderung von Bruckmühl nach Kleinhöhenrain

Bei Bruckmühl taucht die Mangfall aus dem engen Tal auf und sprudelt fortan durch die breite Ebene in Richtung Rosenheim und Inn. Jenseits des Mangfalltals offenbart sich das bayerische Alpenvorland von seiner hügeligen Seite. Wohl dem, der am schönsten Aussichtshügel weit und breit eine anspruchsvolle Gastronomie mit einladender Biergartenterrasse zu bieten hat. Bei klarer Sicht öffnet sich dem Besucher von der Schönen Aussicht ein Bergpanorama erster Güte.

Von Bruckmühl zum Gasthof Zur Schönen Aussicht

Vom Talort Bruckmühl sind es gut vier Kilometer bis Zur Schönen Aussicht. Wer mit dem Zug anreist, wandert vom Bahnhof auf der Bahnhofstraße zur Kreuzung, dann rechts am Edeka vorbei auf Sonnenwiechser Straße und Krankenhausweg geradeaus nach Kirchdorf. Im Ort an der T-Kreuzung kurz rechts, dann links auf dem Teersträßchen zum Maxhofener Schloss, das heute als Landschulheim genutzt wird. Am Wanderparkplatz beginnt der beschilderte Kreuzweg mit 14 Stationen nach Kleinhöhenrain.

Zunächst geht es geradeaus über weite Wiesen, dann an der T-Kreuzung links und an der folgenden Gabelung halbrechts in Richtung Wald. Nach Überqueren einer kleinen Bachbrücke hält man sich rechts und stößt auf ein großes Sonnenblumenfeld. Das Wirtshaus Zur schönen

Aktivität Wanderung
Gehzeit 3 Std.
Höhenmeter 100
Strecke 9 km

Route Bruckmühl → Kirchdorf → Maxhofen → Kleinhöhenrain und zurück

Anfahrt

ÖVM Mit der S 6 zur Kreuzstraße, dort in den Regionalzug nach Bruckmühl (Richtung Rosenheim) umsteigen

Auto A 8 Ausfahrt Hofolding und ab Aying über Feldkirchen-Westerham nach Brückmühl

Navigation N 47.881297°, E 11.914673°

Charakter Einfache Wanderung auf kleinen Straßen und Feldwegen über weite Wiesen und durch Wald, zuletzt über eine steile Treppe

Wegweiser Zwischen Maxhofen und Zur schönen Aussicht Kreuzweg mit 14 Stationen

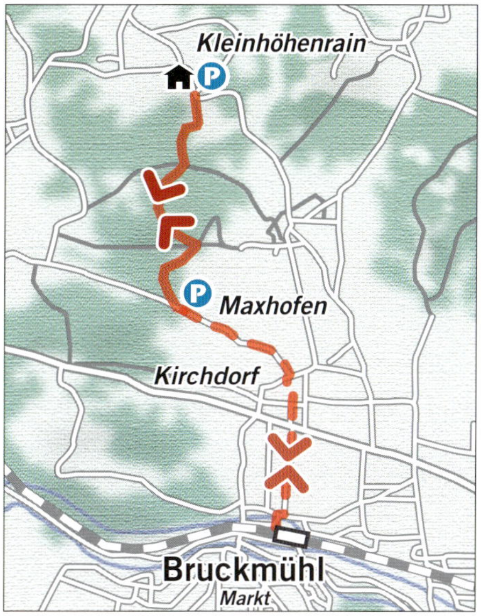

Aussicht, herrlich am äußersten Rand von Kleinhöhenrain gelegen, ist nun bereits sichtbar. Der kurze, steile Treppenpfad mündet direkt in die Terrasse neben der im 12. Jahrhundert erbauten Kirche Sankt Bartholomäus. Die Einkehr ist nicht ganz so alt, erlebte aber bereits den 30jährigen Krieg. Im September 2012 feiert die Familie Kaltner

Ausruhen zwischen Sonnenblumen

Bachsaibling vom Grill mit Aussicht

Gasthof Zur schönen Aussicht

Inhaber Familie Kaltner
Küchenchef Georg Kaltner jun.

Adresse Schöne Aussicht 9, 83620 Kleinhöhenrain

Telefon 08063-8663

Mail schoene.aussicht@t-online.de

Web www.zur-schoenen-aussicht.com

geöffnet Täglich 11–23 Uhr

Übernachtung 15 stilvolle Zimmer im Landhotel

Schmankerltipp Kräftige Rinderbrühe mit Leberknödel und Gemüsestreifen (3,20 €), Flammkuchen vegetarisch nach „Provence Art" (5,90 €), Hüftsteak vom Buchberghofer Jungrind (ca. 250 g Rohgewicht) mit Kräuterbutter, dazu Folienkartoffel gefüllt mit Kräutersauerrahm oder gemischter Salat (14,40 €), Eismarillenknödel auf Soßenspiegel mit Schlagrahm (5,30 €)

Petersilienwurzelcremesuppe (für 4 Personen)

Zutaten: 320 g Petersilienwurzeln, 60 g Zwiebelwürfel, 4 EL Öl, 10 g Butter, 1 TL Mehl, 800 ml Fleisch- oder Gemüsebrühe, 125 g Rahm, 1 Eigelb, Salz, weißer Pfeffer, Muskat, 2 Toastbrotscheiben oder 2 Semmeln, 2 EL Butterschmalz, etwas Petersilie

Zubereitung:
1. Petersilienwurzeln waschen und schälen, dann würfeln. Zwiebel fein hacken, Petersilie hacken.
2. Öl und Butter gleichzeitig erhitzen. Zwiebel- und Wurzelwürfel dazugeben und bei mittlerer Hitze unter Rühren anschwitzen (nicht anbräunen). Mehl unterrühren und die Hälfte der Brühe zugießen, dann mit einem Pürierstab aufmixen. Die restliche Brühe zugießen, aufkochen und ca. 10 Min. garen.
3. Toastbrot oder Semmeln in ca. 1/2 cm große Würfel schneiden und mit Butterschmalz goldbraun anrösten.
4. Eigelb mit Sahne und etwas Suppe vermischen und in die Suppe rühren (nicht mehr kochen, sonst gerinnt die Suppe). Mit Salz, Pfeffer und einer kleinen Prise Muskat abschmecken. Die Suppe mit einem Sahnetupfer, den Röstbrotwürfeln und der gehackten Petersilie servieren.

mit einer Aktionswoche ihr 375-jähriges Besitztum des Gasthofs, ein Jubiläum, auf das sie wahrlich stolz sein darf. Nachdem sich der Seniorchef gesundheitsbedingt aus dem Tagesgeschäft zurückziehen musste, hat Georg Kaltner junior die Verantwortung übernommen. Seine Mutter hilft nach Leibeskräften in der Küche mit, zusammen sind sie ein bodenständiges und starkes Team, das in Stresslagen anzupacken weiß. Einzig Tochter Michaela arbeitet als Betriebswirtin außerhalb des Gasthauses.

Da Georg Kaltner junior zuvor im Schweizer Scouls und im Freihaus Brenner gearbeitet hat, ist der internationale Einfluss auf der Speisekarte unverkennbar. Der Schwerpunkt der Küche liegt aber auf regionalen Schmankerln, darunter Tellerfleisch vom Buchberghof mit Meerrettich, feinem Wirsinggemüse und Röstkartoffeln. Zu den Hausspezialitäten gehören auch Hirtenspieß, Baby-Pute, Niederaltenburger Ente und bayerische Kalbshaxe.

Authentische Heimat

Im kleinen Gastgarten spenden vier über hundert Jahre alte Linden ausreichend Schatten. Unterhalb der Tuffsteinmauer wuchert neben dem wilden Kirschbaum dichtes Gestrüpp. Wenn wenig los ist, sonnen sich gelegentlich Ringelnattern auf dem Geäst. Wer das beeindruckende Bergpanorama bestimmen will, findet neben der Kirche unter dem Fernrohr eine Grafik zur Orientierung. Zu sehen sind im Osten die Salzburger und Chiemgauer Alpen, im Süden Schlierseer-, Tegernseer- und Tölzer Berge sowie im Westen Ausläufer von Karwendel- und Wettersteingebirge.

An der Südfront des Hauses hat die Wirtsfamilie Kaltner im Jahr 2003 eine kleine Terrasse aus Edelstahl installieren lassen. Die luftige Konstruktion bietet bei Sonnenschein auch zur kalten Jahreszeit die Möglichkeit, im Freien zu schlemmen und gleichzeitig die Bergwelt zu genießen. Alternativ sitzt man in der gemütlichen Gaststube und genießt dort die freundliche Atmosphäre.

Moni kehrt mit ihren Söhnen Marvin und Simon von der Schönen Aussicht zurück.

Aktivität: Radtour | Gastronomie: gehobene bayerische Küche

Brau- und Kochkunst

Radrunde im Ayinger Hinterland

Am 2. Februar 1878 schenkte die Brauerei Aying ihr erstes eigenes Bier aus und erlangte seither mit dem naturtrüben Kellerbier vom Fass und anderen schmackhaften Sorten internationalen Ruhm. Am zentralen Dorfplatz stehen mit dem Bräustüberl und dem Brauereigasthof Hotel Aying gleich zwei Lokale, in denen die Brauerei Aying und das Familienimperium Inselkammer gleichermaßen ihr traditionelles Heimrecht genießen. Gut zu wissen, dass der Gast zum süffigen Gerstensaft dort auch sehr gutes Essen genießen kann.

Viel Abwechslung rund um das Glonntal

Doch das Ayinger Bier und die schmackhafte Kost muss man sich erst einmal verdienen, zum Beispiel mit einer Radtour durch das Ayinger Hinterland. Hier ist das Netz an attraktiven kleinen Teerstraßen so dicht geknüpft wie in weiten Teilen Frankreichs – ein Eldorado für ambitionierte Tourenradler. Vom S-Bahnhof in Aying steuern wir auf der Bahnhofstraße und Münchener Straße in den Ortskern und auf der Oberen Dorfstraße Richtung Peiß. An der ersten Straßenkreuzung geht es links über Kaltenbrunn und Graß nach Münster, bevor die erste rasante Abfahrt in das Tal des Kupferbachs führt. Der Bach wird am Reisenthaler Hof überquert, steil zieht die Straße bis

Faszination Radfahren: Die Ayinger Runde in das Glonntal bietet landschaftlichen Hochgenuss.

Frauenreuth wieder nach oben. An der Landstraße halten wir uns kurz in Richtung Glonn, dann folgt die Abfahrt über Mattenhofen in das Glonntal.

Mit zunehmender Fahrt über Haslach und Piusheim Richtung Antholing wird der Blick in das Tal und vor allem auf die nahe Alpenkette immer famoser. Hinter Antholing an der Kreuzung nicht gleich rechts abbiegen, sondern erst 100 Meter später zu den Gehöften Kleinesterndorf und Feuerreit; hier geht es geradeaus nach Nacken und auf einem Kiesweg nach Hirschberg. Eine schnelle Abfahrt und die von Weitem sichtbare Kirche von Großhöhenrain wird im Gegenanstieg erklommen. Aufgrund der Aussicht lohnt der kurze Abstecher nach Kleinhöhenrain (siehe Tour 36), dann führt die Route über Unterlaus nach Kaps; hier links dem Kiesweg bis zur Straße folgen, rechts nach Heimatshofen und links über Kaltenbrunn zum Brauereigasthof Aying.

Regionale Küche als Erfolgsrezept

Viele Radler rollen in Aying gleich in den einladenden Biergarten der Brauerei Aying, doch der Brauereigasthof schräg gegenüber bietet in der urgemütlichen Stube Essen vom Feinsten; es lohnt sich also, sich umzuziehen und sich an den feinen regionalen Spezialitäten zu laben, die Michael Kaiser und sein Team zubereiten. Der Chefkoch macht aus Lüngerl, Gröstl und Kalbskopf kleine Delikatessen. Das Fleisch stammt von Bauern aus der Region, das Gemüse aus der eigenen Gärtnerei und das Wild aus eigener Jagd. Während der beliebten Tiroler Wochen kommen auch Gerichte wie Schlutzkrapfen, Carpaccio vom Bauernspeck oder Gamsrücken mit Steinpilzen aus der Wildschönauer Heimat von Seniorküchenchef Josef Rampl auf den Tisch. Der

Tipp!

Kultur und Brauerführung

Das Bräuhaus (Münchener Straße 21) bietet regelmäßige Führungen durch die hauseigene Anlage an: Di 11 Uhr, Do 18 Uhr, Sa 10 Uhr (Erw. 7 €, Kinder ab 8 Jahren 5 €); jeden 1. So im Monat gibt es ab 10 Uhr Frühschoppen mit zünftiger Live-Musik und jeden Monat von der Lesung bis zum Kabarett mindestens zwei Kulturaufführungen im Schalander.

Aktivität	Radtour
Fahrzeit	3 Std.
Höhenmeter	350
Strecke	37 km

Route Aying → Kaltenbrunn → Münster → Haslach → Antholing → Großhöhenrain → Unterlaus → Kaltenbrunn → Aying

Anfahrt

ÖVM Mit der S 6 Richtung Kreuzstraße nach Aying

Auto Autobahn A 8 Ausfahrt Hofoldinger Forst und Beschilderung nach Aying folgen, Parkmöglichkeit am Bahnhof und im Zentrum

Navigation N 47.969137°, E 11.769769°

Charakter Traum-Radtour zwischen Aying, Glonn und Bruckmühl auf kleinen Asphaltstraßen. Nach der zweimaligen Talquerung von Kupferbach und Glonn folgen jeweils kurze, aber heftige Anstiege. Von den Anhöhen genießt man zum Lohn großartige Ausblicke auf Täler und Alpenpanorama.

Karte ADFC-RK München / Alpenvorland

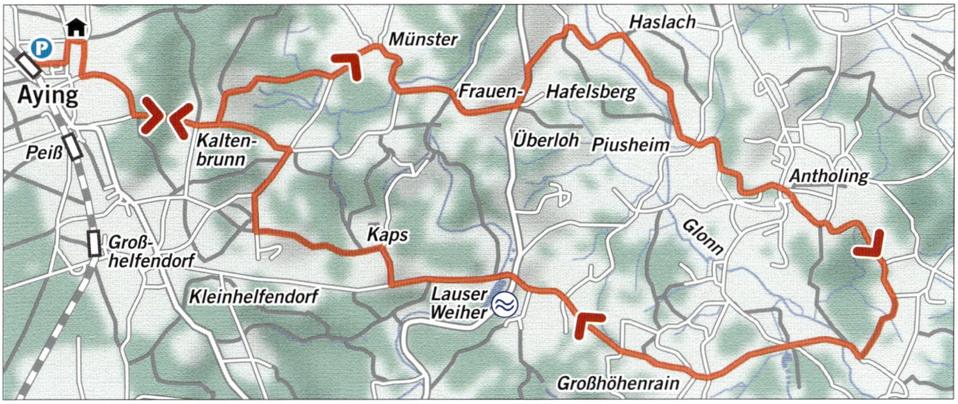

Der Brauereigasthof ist aus dem Ortsbild von Aying nicht mehr weg-zudenken – er zählt deutschlandweit zu den 400 besten Restaurants.

Lohn der Ayinger Kochkunst sind Auszeichnungen von Michelin, Der Feinschmecker, Gault Millau, Savoir Vivre sowie anderen Gastronomieführern.

Nach der sportlichen Radtour bietet sich als Aperitif ein Vitamintrunk aus frisch gepressten Früchten an. Im Anschluss bestellten wir als Vorspeise eine leichte Karottencremesuppe bzw. Lebernockerlsuppe, dann folgten als Hauptgang die Gemüselasagne auf Rote-Bete-Soße sowie die Rehmedaillons mit Biertrebernbrotkruste überbacken und Mandelbroccoli. Wenn dann noch ein Plätzchen im Magen frei ist, ist der Ayinger Dessertteller ein guter Tipp.

Brauereigasthof Aying

Inhaber Angela und Franz Inselkammer
Küchenchef Michael Kaiser

Adresse Zornedinger Straße 2, 85653 Aying

Telefon 08095-90650

Mail brauereigasthof@ayinger.de

Web www.ayinger.de

geöffnet Täglich warme Küche 11.30–14.30 und 18–22 Uhr

Übernachtung 48 Gästezimmer in Gasthaus und Herrenhaus

Schmankerltipp Salat vom Laugenstangerl mit Parmesanmousse und Löwenzahn (12,80 €), biergebeizter Ochsentafelspitz mit frischem Rahmkohlrabi und Reiberdatschi (17,80 €), gespickter Rehschlegel in Wildrahmsoße mit Schwammerl, Apfelblaukraut und Schupfnudeln (19 €), Wallerfilet aus dem Rieslingsdampf in Gartenkräutersoße mit Blattspinat und Nusskartoffeln (22 €), Buttermilch-Vanilleparfait auf Kirschröster mit Pistazienkrokant (8,50 €)

Ayinger Biersuppe (für 4 Personen)

Zutaten: 60 g Butter, 15 g Zucker, 1 kleine Zwiebel, in Würfel geschnitten, 1/2 l Ayinger Altbayrisch Dunkel, 1/2 l Rindssuppe, 300 g rohe Kartoffeln, geschält, 2 EL Apfelessig, 3 EL Sauerrahm, Salz, Pfeffer, 60 g Hellgrünes von Lauch, in kleine Würfel geschnitten, 1 Salbeiblatt, 1 TL Majoran, fein gehackt

Zubereitung: Die Butter in einem Topf heiß werden lassen, Zucker dazugeben und schön braun karamellisieren lassen, Zwiebelwürfel dazugeben, mit dem Bier und der Suppe aufgießen. Die im Scheiben geschnittenen Kartoffeln dazugeben, Apfelessig und Sauerrahm dazugeben, weich kochen und mit dem Pürierstab mixen, abschmecken. Die kleingeschnittenen Lauchwürfel in wenig Wasser blanchieren, zur Suppe geben, zuletzt das fein gehackte Salbeiblatt und den Majoran unterrühren. Die Suppe auf Teller verteilen und zum Beispiel mit einer Scheibe Leberstrudel als Einlage servieren.

Aktivität: Radtour | Gastronomie: gehobene bayerische Küche

Der Gast ist König

Radtour von Holzkirchen nach Sauerlach

Der „Gipfelblick“ vom Berghotel Aschbach nach Süden ist einzigartig: Hoch über dem Mangfalltal breitet sich die bayerische Alpenlandschaft mit dem Wendelstein aus. Vor allem von der Terrasse und vom lichtdurchfluteten Salettl genießt der Gast diese Traumkulisse während des Essens. Viele vor allem ältere Stammgäste schätzen diese Atmosphäre und den freundlichen Service der Gastgeber so sehr, dass sie das Berghotel schon fast als zweite Heimat betrachten.

Auf dem Radweg Via Julia unterwegs. Im Hintergrund erkennt man Kleinhelfendorf mit dem Kirchturm von Sankt Emmeran.

Traditionell bayerisch

Einer dieser Stammgäste, ein unternehmungslustiger Rentner aus Höhenkirchen, hatte hier schon in den 1950er Jahren seinen Durst mit einer Radlerhalben gelöscht. Seine Tochter Sabine feierte im Jahr 2000 hier gar ihre Hochzeit, weil sie ihrem amerikanischen Mann bayerische Traumkulisse und Gastlichkeit vor dem Umzug in die Staaten näherbringen wollte; leider regnete es an diesem Sommertag in Strömen, was der guten Stimmung jedoch keinen Abbruch tat.

Die traditionelle bayerische Gastlichkeit steht im Mittelpunkt der Aschbacher Hausphilosophie. Dazu gehört auch, speziell auf Sonderwünsche des Gastes einzugehen und somit ein sehr persönliches Ambiente zu schaffen. Hat der Gast an Essen, Service oder Preis-Leistungs-Verhältnis dennoch etwas auszusetzen, kann er den Folder „Ihre Meinung ist uns wichtig“

Berghotel Aschbach aus der Vogelperspektive

Mille feuille vom Lachs, mit Crêpe und Ratatouille in Bärlauchsoße

Berghotel Aschbach

Inhaber Familie Lechner
Küchenchef Heiko Obermaier

Adresse 83620 Feldkirchen-Westerham

Telefon 0 80 63-8 06 60

Mail Reception@Berghotel-Aschbach.de

Web www.Berghotel-Aschbach.de

geöffnet Täglich das ganze Jahr über mit Ausnahme 23./24. Dez. sowie Kurzurlaub im Winter

Übernachtung Gepflegte Gästezimmer im Berghotel

Schmankerltipp Pochiertes Freilandei im Parmaschinken knusprig gebacken mit lauwarmer Spargelcreme und Bärlauchpesto (8,90 €), rosa gebratener Kalbstafelspitz mit karamellisierter Rote Bete, Rosenkohl, Thymian-Kartoffelpüree und Madeirajus (15,90 €), gebratenes Filet vom heimischen Saibling auf Pfifferlingsrisotto und Frühlingslauch (18,90 €), kaltes Holunderblütensüppchen mit Champagnerparfait und Blaubeeren (6,90 €)

Schaumsuppe vom bayrischen Wirsing (4 Personen)

Zutaten: 6 Schalotten, 1 Kopf Wirsing, 50 g geräucherter Bauchspeck, 125 ml Sekt oder Weißwein, 400 ml Gemüsebrühe, 250 ml flüssige Sahne, 1 EL Mehl, 8 Scheiben geräucherter Schinken (z.B. Schwarzwälder), Butter zum Anschwitzen, Salz, Pfeffer, Muskat

Zubereitung: Speck und Zwiebeln in feine Würfel schneiden und in einem Topf mit Butter anschwitzen. Vom Wirsing nur die inneren hellgrünen Blätter waschen, in Streifen schneiden und in den Topf geben. Das Ganze ohne Farbe kurz anschwitzen und mit etwas Mehl abstäuben. Abgelöscht wird dann mit Sekt und Gemüsebrühe. Köcheln lassen bis der Wirsing weich ist. Mit Salz, Pfeffer und Muskat nach Belieben würzen und abschmecken. Zuletzt die Suppe mit dem Mixer pürieren und die flüssige Sahne hinzugeben. Als Einlage eignet sich geräucherter Schinken in Streifen und Streifen von den blanchierten äußeren Blättern des Wirsingkopfes.

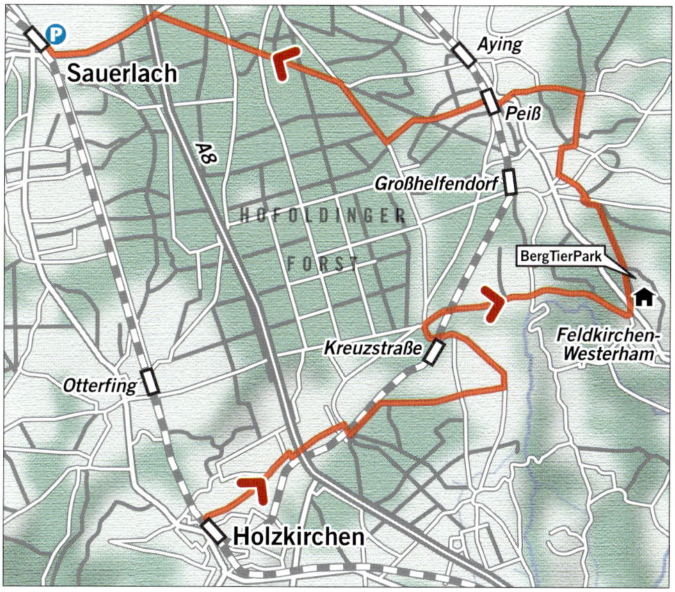

ausfüllen oder sich persönlich an das Personal wenden. Der zwischen Wirtsleuten und Gästen fungierende Herr Frankl behandelt Wünsche und Anregungen jeglicher Art erfreulich unbürokratisch und professionell.

Darüber hinaus weiß die Küche mit ihren kulinarischen Schmankerln aus der Region zu überzeugen: Alle Produkte kommen frisch auf den Teller, je nachdem, was die Jahreszeit hergibt. Forellen und Saiblinge etwa stammen von der Fischzucht März im Mangfalltal, die ihre Bestände aufgrund einfallender Kormoranschwärme akribisch behütet; in schlechten Jahren fallen den Vogelattacken schon einmal bis zu 300 Fische zum Opfer. Wild gibt es in den umliegenden Wäldern hingegen im Überfluss, Frischfleisch vom einheimischen Jäger ist also garantiert. Wir genossen das zarte Fleisch vom Charolais-Rinderbraten, das vom benachbarten Buchberghof angeliefert wurde; dazu tranken wir einen leicht fruchtigen Rouge Vin de Pays de Vaucluse. Zur Krönung gönnt man sich eine Lechner's Bayerische Creme oder einen Kuchen aus der hauseigenen Konditorei. Das Berghotel bildet regelmäßig Azubis aus, die ihr Können übrigens in Form von selbstkreierten Schlemmermenüs unter Beweis stellen.

Auf der Via Julia unterwegs

Nur gut, dass das Gros der Steigungen nach dem Essen schon absolviert ist. Während es auf der Strecke zwischen Holzkirchen und Aschbach vor allem ab Kreuzstraße ordentlich bergauf geht, rollt man auf dem Rückweg in Süd-Nord-Richtung gemütlich von dannen. Vom Berghotel Aschbach fährt man kurz auf der Bundesstraße in die Senke, um dann der Radroute Via Julia zu folgen. Diese Route ist gut beschildert und führt am BergTierPark Blindach vorbei über Kleinhelfendorf und Kaltenbrunn nach Peiß. Dort überquert man am Bahnhof das Gleis und steuert auf dem Mitterweg in den Hofoldinger Forst. Die Römerstraße leitet uns zum Hofoldinger Kreuz und die Hofoldinger Straße zum Sauerlacher Bahnhof.

Aktivität	Radtour
Fahrzeit	3 Std.
Höhenmeter	150
Strecke	38 km

Route Holzkirchen → Hohendilching → Kreuzstraße → Aschbach → Peiß → Hofoldinger Forst → Sauerlach

Anfahrt

ÖVM Mit der S 5 nach Holzkirchen

Auto Mit dem Auto ist diese Streckentour eher in umgekehrter Richtung sinnvoll; das Fahrzeug in Sauerlach parken und von Holzkirchen mit der S-Bahn zwei Stationen retour

Navigation N 47.884938°,E 11.697779°

Charakter Zwischen Holzkirchen und Aschbach verläuft die Route meist über Wiesen und Felder auf Teerstraßen mit wenig Verkehr; bei der Waldquerung nach Aschbach ergeben sich schöne Blicke in das Mangfalltal. Anschließend rollt man meist leicht abwärts nach Peiß und auf der bekiesten Römerstraße durch den Hofoldinger Forst nach Sauerlach.

Wegweiser Zwischen Holzkirchen und Hohendilching grüne Radschilder Richtung Mangfalltal; ab Aschbach Radroute Via Julia

Karte ADFC-RK München / Alpenvorland

Tipp mit Kids Familien mit kleineren Kindern finden im Blindhamer BergTierPark (Tel. 0 80 63-20 76 38, www.bergtierpark.de) einheimische Tiere sowie Streichelgehege und Spielplatz vor. Zu erreichen ist der Park vom Berghotel Aschbach auf dem Via Julia-Wanderweg (2 km).

Aktivität: Radtour, Wanderung | Gastronomie: bayerische, internationale Schmankerlküche

Adel zwischen Krautbauern

Radtour vom Deutschen Museum nach Freising

Allen bevorzugt gen Süden strebenden Münchner Radlern sei an dieser Stelle mitgeteilt, dass der Isarradweg auch nach Norden seinen Reiz hat. Zwischen dem Deutschen Museum in der Stadtmitte und der Isarbrücke in Freising etwa rollt man auf einer Strecke von 37 Kilometern stets in Flussnähe gemütlich durch das grüne Isartal. Unterwegs lohnt ein Abstecher in das Ortszentrum von Ismaning. Denn hier führt die Familie Seidl bereits in der vierten Generation mit viel Engagement den Gasthof zur Mühle, eine der besten Schlemmeradressen im Münchner Norden.

Gleich zum Auftakt unserer Radtour öffnet sich dieser schöne Blick auf die Isar mit der St.-Lukas-Kirche an der Praterinsel.

Der Unterföhriger See lädt zu einer Badepause ein.

An der Isar nach Ismaning

München dürfte die einzige Millionenstadt der Welt sein, die man zentral mit dem Rad passieren kann, ohne auch nur ein einziges Mal von einer Ampelkreuzung oder vom Autoverkehr gestoppt zu werden. Möglich macht dies das Isartal, das die Stadt quasi in zwei Hälften teilt. Der Radweg verläuft im unverbauten Tal von Süd nach Nord durch sämtliche Stadtbrücken hindurch.

Zentraler Ausgangspunkt ist die Ludwigsbrücke am Deutschen Museum. Der durchgehend beschilderte Radweg führt am Ostufer der Isar durch Maximilians-, Prinzregenten- und Max-Joseph-Brücke aus dem Stadtgebiet heraus. Dabei steuert man durch schattige Parkanlagen und die begrünten Flussauen stets in nördliche Richtung. Bei Oberföhring folgt ein kurzes Ausweichen in Siedlungsgebiet, dann geht es weiter in das Freizeit- und Erholungsgebiet am Unterföhringer See. Es folgt ein etwa fünf Kilometer langer Abschnitt im Isartal bis Ismaning.

Der Abzweig vom Isartal zum Gasthof zur Mühle ist beschildert. Wir erreichen die beliebte Einkehr nach Passieren des historischen Schlossparks. Dort kann man im Kallmann-Museum Werke des Malers Jürgen Kallmann bewundern (siehe Tipp!).

Genuss für Leib und Seele

Der Gasthof zur Mühle ist seit 1857 in Familienbesitz. Als der Urgroßvater eine Schweizer Köchin evangelischen Glaubens heiratete, kam das seinerzeit im erzkatholischen Bayern einem Skandal gleich. Doch der gesellige Charakter des Hausherrn und die Kochkunst seiner Frau sprachen sich rasch herum, sodass sonntags nach der Kirche immer mehr Leute in die Stube strömten. Die Gastronomie in der Mühle nahm ihren Lauf.

Das Paradestück der Mühle ist ihr wunderschöner Biergarten unter alten Kastanien am Seebach, an heißen Sommertagen herrscht hier reger

Gasthof zur Mühle 🏠

Inhaber Familie Seidl
Küchenchef Frank Rohleder

Adresse Kirchplatz 5, 85737 Ismaning

Telefon 089-960930

Mail info@hotel-muehle.de

Web www.hotel-muehle.de

geöffnet Täglich 11.30–22.45 Uhr

Übernachtung Zimmer im angrenzenden Hotel (Schwimmbad, Sauna, Dampfbäder, Whirlpools, Solarium)

Schmankerltipp Gorgonzola-Perlgraupen-Risotto mit Spinat, Austernpilzen, Birne und Radicchio (13,80 €), Filet von der einheimischen Bachforelle in der Kartoffelhülle gebacken auf rahmigem Ismaninger Sauerkraut, dazu frisch geriebener Meerrettich (17,20 €), „Mühlenteller" – gegrillte Medaillons von Schweinefilet, Lammhüfte und Hähnchenbrust auf Pfeffersahnesoße, dazu Gemüse vom Markt und Butterspätzle (19,50 €), Orangen-Crème brûlée" (7 €)

Andrang. Sehr beliebt unter den Sommergästen ist der feine „Obazda", der nur mit Brie und Camembert ohne Rahm angerührt wird. Bei kühler Witterung nehmen die Gäste in den rustikal-bayerischen Innenraumen Platz und genießen die regionale und internationale Küche. Nachdem Ismaning für sein gutes Kraut bekannt ist, darf das Gemüse natürlich auch auf der Speisekarte nicht fehlen: Der würzige Speckkrautsalat und der Sauerkrautstrudel als Beilage von Reindlbraten mit Zwiebeljus sind nur zwei Beispiele hierfür.

Dass Kraut in der Gunst der Ismaninger ziemlich weit oben steht, ist historisch begründet. Denn früher bestand der Ort im Wesentlichen aus dem Schloss und den umliegenden Feldern, auf denen das Kraut angebaut wurde. Auch Herr Seidl senior von der Mühle arbeitete früher noch in der Landwirtschaft. Noch heute findet man vereinzelt Wegweiser zu Krauthöfen, und auch die in diesem Buch vorgestellte Schweizer Wirtin in Arzbach (siehe Tour 26) bezieht ihr Kraut aus Ismaning. Adel und Kraut gehören hier zusammen wie das frische Gemüse vom Markt und der Kalbsbraten „Burgfrauen Art", der im Gasthof zur Mühle serviert wird.

Nach der Einkehr fährt man am Schloss vorbei in das Isartal zurück und folgt der beschilderten Route nach Freising.

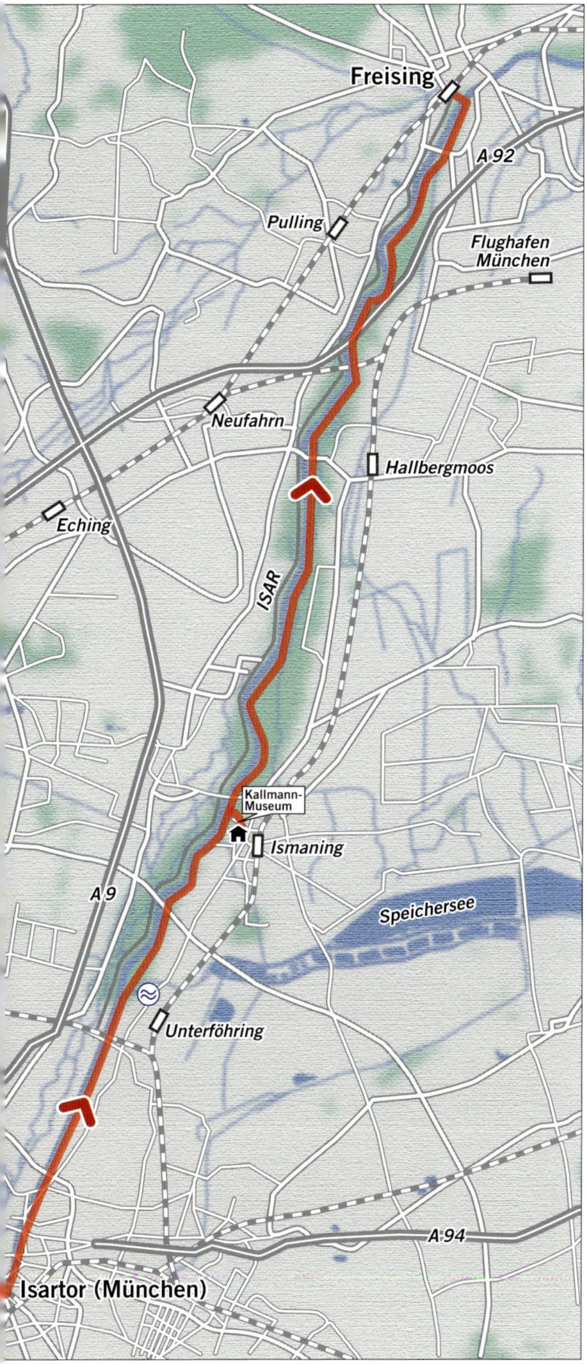

Sommer am Gasthof zur Mühle: Marquisen bieten Schatten auf der Südterrasse.

Aktivität	Radtour
Fahrzeit	3 Std.
Strecke	40 km

Route Deutsches Museum (München) → Oberföhring → Ismaning → Freising

Anfahrt

ÖVM Mit der S-Bahn zum Isartorplatz und auf der Zweibrückenstraße zur Ludwigsbrücke, Rückfahrt vom Freisinger Bahnhof mit der S 1 nach München

Auto Parkmöglichkeit z.B. in der Zeppelinstraße

Navigation N 48.13406°,E 11.582808°

Charakter Die Route führt weitgehend eben durch Parkanlagen und die bewaldete Auenlandschaft der Isar. Nur in Ismaning und Freising ist mit etwas Verkehr zu rechnen.

Wegweiser Radschilder nach Freising und zum Gasthof zur Mühle

Karte ADFC-RK München Mittlere Isar, 1:75.000 (Forstwege)

Wander-Tipp Der Radweg im Isartal eignet sich auch zum Wandern, etwa von Unterföhring nach Ismaning (8 km). Vom Bahnhof erreicht man den Unterföhringer See auf Bahnhof- und Kanalstraße sowie auf dem Dammweg des mittleren Isarkanals. Von dort geht es identisch zur Radroute zum Gasthof zur Mühle und über den Kirchplatz auf der Aschheimer Straße zum S-Bahnhof.

Tipp!

Zu Besuch im Schlosspark

Bei der Anfahrt nach Ismaning fährt man direkt am Schlosspark vorbei, wo ein Museums- und Galerie-Trio auf Besucher wartet. Das Kallmann-Museum zeigt neben der Dauerausstellung des Namen gebenden Malers vier bis fünf Wechselausstellungen zu ausgewählten Themen wie „Schein und Wirklichkeit". Teilweise weiten sich diese Ausstellungen auch auf das 2010 gegründete Schlossmuseum aus, das schwerpunktmäßig volkskundliche Objekte beheimatet. Beide Museen (www.kallmann-museum.de) haben jedoch nur am Nachmittag (Di.–So. 14.30–17 Uhr) geöffnet, das Kombiticket kostet 4,50 €. Freien Eintritt genießt man in der Galerie im Schlosspavillon, in dem zeitgenössische Künstler ihre Werke ausstellen und vermarkten.

Gourmetlokale

Am Tegernseer Nordufer bei Gmund, Sonnenuntergang am Wörthsee, weißes Paradieserl-Gangerl beim Moarwirt

Aktivität: Radtour | Gastronomie: gehobene französische Küche

Die Ruhe, der Wein, der Genuss

Radrundtour im und über dem Isartal

Endlich ein Franzose, ein Solitär in diesem Buch. Selbst die Freunde deftiger bayerischer Küche werden an dieser Stelle aufhorchen, denn dass unsere Nachbarn etwas von gutem Essen verstehen, ist wohlbekannt. Und wer wie der Autor eine frankophile Ader hat, dessen Herz schlägt ob der bonne cuisine im L'Estragon noch ein bisschen höher. Dieser verheißungsvolle Klang von Mi-Cuit chocolat, auch wenn dieses köstliche Dessert nicht immer auf der Speisekarte steht. Diese filigrane Leichtigkeit französischer Esskultur. Zudem schafft Christophe Trichard mit seinem Charme auf Anhieb eine Wohlfühlatmosphäre, sei es im schönen Gastgarten oder im hellen, freundlichen Innenraum mit den dezenten Spiegeln an den Wänden.

Pferdekoppel bei Großdingharting

Aktivität	Radtour
Fahrzeit	3 Std.
Höhenmeter	150
Strecke	42 km

Route Schäftlarn → Puppling → Deininger Weiher → Großdingharting → Schäftlarn

Anfahrt

ÖVM Mit der S 7 in Richtung Wolfratshausen

Auto Von München auf der A 95 oder Wolfratshauser Straße nach Schäftlarn (Parkplatz am S-Bahnhof)

Navigation N 47.991027°, E 11.457002°

Charakter Nach der Abfahrt von Schäftlarn in das Isartal folgt eine Flachetappe durch die Pupplinger Au. Bei den Querungen zum Deiniger Weiher und zurück nach Schäftlarn müssen zwei längere Anstiege in Kauf genommen werden. Das Gros der Strecke verläuft auf Asphalt.

Wegweiser Kloster Schäftlarn, die Pupplinger Au (Richtung Wolfratshausen) und Deining sind beschildert.

Karte ADFC-RK München / Alpenvorland

Zwei Flüsse und ein Moorsee

Zum Essensgenuss im L'Estragon passt die gemütliche Radtour durch das Isartal, das man vom Schäftlarner Bahnhof nach Überqueren der Wolfratshauser Straße nach genussvoller Abfahrt am Kloster Schäftlarn vorbei erreicht. Etwas oberhalb des Bruckenfischers (siehe Tour 21) wird nach der Isar auch der Isarwerkkanal auf der Autobrücke überquert. Dann geht es rechts unterhalb des Damms in Richtung Süden. Beim Gasthaus Aumühle halten wir uns rechts und fahren weiter am Damm entlang.

Hinter dem Ickinger Stauwehr erstreckt sich das Naturschutzgebiet Pupplinger Au auf gut 50 Quadratkilometern. In diesem Bereich mündet die Loisach in die Isar. Die beiden Flüsse bringen neben reichlich Schutt auch die alpine Flora mit in das Alpenvorland, die auf den einladenden Kiesbänken prächtig gedeiht. Das Mündungsdelta ist ein Eldorado für Erholungssuchende. Auf dem schnurgeraden Teerweg durch den lichten Kiefernwald erspäht der Radler einen Stichweg zum Isarufer, wo er die einzigartige Landschaft in Ruhe auf sich wirken lassen kann.

In Puppling biegt man hinter dem Gasthaus Aujäger in den Radweg, der steil entlang der Bundesstraße hochzieht. Dann folgt die Abzweigung nach Ergertshausen: Nicht auf dem Teerweg in den Riedhof steuern (Sackgasse), sondern auf dem breiten Kiesweg mitten durch die gepflegte Golfanlage in den Ort. Dort fährt man auf der Landstraße nach Deining und am Ortsende auf der rechts abzweigenden Talstraße in die kleine Talsenke. Hier zweigt wiederum rechts die Weiherstraße zum Deininger Weiher ab, dessen Moorwasser zum Baden einlädt. Hinter dem See muss eine Steigung von zwölf Prozent in Angriff genommen werden, bevor es über Großdingharting nach Ödenpullach geht. Am Ende der Lichtung folgt man links dem Ziegelstadlweg und wenig später halb rechts dem Forstweg bis zum Radweg Via Alpina. Hier links und wiederum schräg rechts in den Reitweg, bevor es links durch den Wald an der Entenalm vorbei zum Restaurant L'Estragon geht.

Küche voller Esprit und Raffinesse

Im L'Estragon zu tafeln ist ein Hochgenuss, zumal die Küche hält, was sie verspricht. Bei der Entenbrust mit Balsamicosauce etwa zergehen das zarte Fleisch sowie Kartoffelgratin und der feine Broccoli auf der Zunge; jedes Produkt entfaltet seinen eigenen, unverwechselbaren Geschmack. Gleiches gilt für das pochierte Zanderfilet mit Sauerampfersauce und Gemüse Julienne. Und den Ziegenkäse En Aumonière mit Safran-Tomaten-Confit, den wir als Vorspeise genießen durften. Die Küchenchefs verwenden nur frische Produkte der jeweiligen Saison und das schmeckt man auch. Zum Essen passt ein guter Tropfen Wein; auf der Weinkarte stehen 130 Sorten zur Auswahl, darunter echte Klassiker aus den Gebieten Loire, Medoc, Saint Emilion und Bourgogne. Hervorragend mundeten die Bordeaux Entre de mers und Merlot Tutiac. Wer dennoch lieber alkoholfrei bleibt, dem sei an dieser Stelle die erfrischende Rhabarber-Schorle empfohlen.

Für das Dessert lohnt noch einmal der Blick auf die Speisekarte, spannend die Frage, ob Mi-Cuit au Chocolat im Angebot ist. Dieses halb gekochte Schokoladenteil ist außen hart und innen flüssig und warm. Eine kleine Sensation, als ob im erkalteten Lavatunnel auf einmal heiße Magma zu fließen begänne. Madame Binoche jedenfalls hätte dieses phänomenale Süßteil im Kinokultfilm „Chocolat" nicht besser zubereiten können.

Nach der Einkehr gelangen wir nach Überqueren der Bundesstraße auf der Frundsbergstraße zum Isarradweg, der uns an Mühle und Bruckenfischer vorbei zurück zum Ausgangsort führt.

Poularde aux Gambas et Sauce Curry-Noix de Coco Poulardenbrust an Gambas mit Curry-Kokos-Sauce (für 4 Personen)

Zutaten: 4 Hähnchenbrüste, 8 Gambas, 1 Zwiebel, 3 Knoblauchzehen, 3 TL gelber Curry (z.B. Madras), 10 frische Tomaten, 1/4 l Kokosmilch, 180 g Basmatireis, 3 Zucchini, 3 Karotten, 2 Lauchstangen, Basilikum, 2 EL Sojasauce, 3 cl Olivenöl.

Zubereitung: Zucchini, Karotten und Lauch waschen, schälen und in lange dünne Streifen schneiden. Reis kochen. Für die Sauce Zwiebeln mit 2 Knoblauchzehen und Butter goldgelb anbraten, erst Curry, dann Tomaten und 25 cl Wasser zugeben, das ganze köcheln, bis die Zwiebeln gar sind, Kokosmilch zugeben, alles pürieren. Die Poularde und die Gambas in einer Pfanne anbraten, nach ca. 5 Min. die Sauce dazugeben. In einem warmen Wok Olivenöl und Gemüse garen, die Sojasauce, den Reis sowie den klein geschnittenen Basilikum und die Knoblauchzehen zugeben. Auf einem Teller das Gemüse mit dem Reis anrichten, Hähnchenfleisch und Gambas darauf legen und die Sauce rundherum verteilen.

Restaurant L'Estragon

Inhaber Christophe Trichard
Küchenchefs Gabor Szolga und Jacky Bellanger

Adresse	Riedweg 15, 82064 Straßlach-Dingharting
Telefon	081 70-214
Mail	contact@lestragon.de
Web	www.lestragon.de
geöffnet	Mi.–Fr. 11.30–14 und 18–24 Uhr, Sa. / So. und feiertags 12–1 Uhr, Mo. / Di. Ruhetag

Schmankerltipp Trio de la Mer – gebratene Jakobsmuscheln, Thunfischtatar, gefüllter Lachs (12,90 €), Lammkarré mit Erbsen-Minzesauce (22,50 €), gebratener Seeteufel mit Pfifferlingen in Kalbsjus (23,50 €), Mi-Cuit au Chocolat mit Creme Anglaise (6,50 €)

Mi-Cuit au Chocolat ist ein absolutes Muss für alle Schokoladen-Fetischisten.

Ziegenkäse En Aumonière im Reisteigmantel auf Salat

Malerischer Streckenabschnitt südlich vom Deininger Weiher

Aktivität: Radtour | Gastronomie: Gehobene Bioküche (seit 2011 bio-zertifiziert)

Blütenzauber (Heil-Ziest) in der Ascholdinger Au. Von der Radroute führen Stichwege direkt an das Isarufer.

Wo Essen zum Vergnügen wird

Radtour von Schäftlarn nach Bad Tölz

Auf ihrer Website präsentieren die Wirtsleute Aissatou Dramé, Florian Lechner und Michael Günster ihren Moarwirt als gewagten Brückenschlag zwischen altbayerischer Tradition und moderner Gastronomie. Eine zutreffende Interpretation, denn die Gastgeber vermischen in der Tat in Küche und Service unterschiedliche Kulturen. Zwar schlagen sich die senegalischen Wurzeln von Aissatou Dramé nicht im fantasievoll zubereiteten Essen nieder – selbst die exotisch klingende Tonkabohne, die dem gebrannten Creme-Dessert neben leichtem Vanillegeschmack einen Hauch von Chanelduft verleiht, stammt nicht aus Afrika. Doch internationales Flair breitet sich inmitten der urbayerischen Gemütlichkeit in Biergarten und der gemütlichen Kaminstube dennoch aus. Nach fünf Jahren in der Luzerner Hotelfachschule und der Zwischenstation im Münchener Wirtshaus in der Au traute sich die junge Aissatou die Chefrolle im Moarwirt zu. Zusammen mit ihren beiden Partnern sorgt sie seit zehn Jahren mit viel Hingabe und Charme für das Wohl ihrer Gäste.

Radparadies mit Schlemmermenü

Wer sich wohlbehütet fühlt, kommt bestimmt wieder. Mundpropaganda heißt das Zauberwort für steigende Gästezahlen. Im Gästebuch der hauseigenen Website etwa schwärmte Barry Henze nach der Teilnahme am Kochkurs von einem „Erlebnis der Superlative“. Auch seine Gäste, die er sich zum speziellen Menüerlebnis lud, waren „von der wirklich hohen Qualität absolut begeistert“.

Die Kombination aus hervorragendem Essen und großartiger, noch dazu abgelegener Natur kommt zunehmend auch bei den Radlern gut an. Wer von München den Isarradweg Richtung Wolfratshausen und Bad Tölz entlangfährt, freut sich über die landschaftliche Abwechslung in der Pupplinger Au und im Dietramszeller Hügelland. In Puppling bietet sich die Gelegenheit, das Isartal Richtung Ascholding zu verlassen. Am Harmatinger Weiher vorbei führt die nun anspruchsvolle Strecke über die Orte Harmating, Humbach, Thankirchen und Untermühltal auf die Landstraße nach Bad Tölz. Nach zwei Kilometern zweigt die beschilderte kleine Teerstraße zum Moarwirt in Hechenberg ab und lässt während der letzten Steigung im Sommer die Vorfreude auf ein kühles Bier in die Höhe schnellen.

Bei Hechenberg zeigt sich das Tölzer Land von seiner schönsten Seite.

Das ambitionierte Moarwirt-Trio (Michael Günster, Aissatou Dramé und Florian Lechner) feilt an raffinierten Gerichten …

Moarwirt

Inhaber Aissatou Dramé, Florian Lechner, Michael Günster
Küchenchefs Florian Lechner und Michael Günster

Küche Gehobene Bioküche (seit 2011 bio-zertifiziert)

Adresse Sonnenlängstraße 26, 83623 Hechenberg

Telefon 08027-1008

Mail kontakt@moarwirt.de

Web www.moarwirt.de

geöffnet Täglich ab 12 Uhr, Ruhetage: April, Okt., Dez. Mo.; März Mo. / Di.; Jan., Feb., Nov. Mo.–Mi.

Übernachtung Frisch renovierte, ruhige Hotelzimmer

Zum Mitnehmen Kulinarische Bücher und hausgemachte Produkte wie Fruchtaufstriche, Knuspermüsli und Biolimonade

Schmankerltipp Hechenberger Salat mit Ziegenkäse und grünem Tomatenconfit (klein 10 €, groß 15 €), Château Briand in Heu in der Salzkruste gegart (32 €), hausgemachte Nudeltascherl mit Wildkräuterfüllung und Topinamburschaum (14 €), Rote Beete-Knödel mit Parmesanbutter (15 €), gebrannte Creme von der Tonkabohne (8 €), 5-Gänge-Überraschungsmenü (ab 48 €)

Grandios ist vom Gastgarten der Blick über das Tölzer Land auf die Tegernseer und Lenggrieser Berge.

Im Sommer bietet der Moarwirt zusätzlich ein kleines Brotzeitangebot an, um den Bedürfnissen sportlicher Radfahrer gerecht zu werden. Abgesehen davon bekommt der Gast kulinarisch reichlich geboten. Das saftige Château Briand aus dem Heu etwa wird direkt am Tisch tranchiert, als Beilagen gibt es eine kräftige Jus und frisches, bissfestes Landgemüse. Den Gourmetfreunden sei an dieser Stelle das aus fünf Gängen bestehende Überraschungsmenü empfohlen: Jeder Gang offenbart ein neues Geheimnis und Sommelière Susanne Kleindienst kredenzt dazu die passende Weinbegleitung. Jedenfalls kann sich der fantasievolle Kochesprit von Florian Lechner und Michael Günster hier voll entfalten.

Nach dem Schlemmermenü ist es bis zum Etappenziel Bad Tölz nicht mehr weit. An der Nordseite des Moarwirts folgt eine flotte Abfahrt und rechts der Abstecher zur St2072 , auf der wir zwei Kilometer bis zum Forellenhof fahren. Hier geht es auf beschilderter Route über den Isar-Stausee nach Bad Tölz.

… wie den Suppen Dreier.

Böfflamott vom Bio-Ochs

Zutaten: 2 große Zwiebeln, 2 Knoblauchzehen, 1,2 kg Ochsenbackerl oder flache Schulter vom Bio-Ochs, 2 EL Tomatenmark, 0,9 l Barolo, 0,5 l guter Kalbsfond, 0,25 l Portwein, 2 Lorbeerblätter, Salz, Pfeffer, Kümmel, Piment, Knoblauch, Korianderkörner, Chili, etwas guten Balsamico

Zubereitung: Ochsenbackerl salzen und pfeffern, in Öl scharf anbraten und anschließend zur Seite stellen.

In einer separaten Pfanne braunen Zucker in Öl karamellisieren, Zwiebeln dazugeben und anrösten. Mit Balsamico ablöschen und Rotwein bzw. Portwein zugeben. Einkochen, danach noch zweimal Rotwein und Portwein zugeben und einreduzieren.

Fleisch in den Schmorfond legen und mit Kalbsfond aufgießen. Gewürze hinzugeben und alles im Backrohr auf der mittleren Schiene bei max. 120° C ca. 6,5 bis 8 Std. schmoren.

Ochsenbackerl aus dem Fond nehmen und warm halten. Sauce passieren und eventuell einkochen. Mit kalter Butter abbinden.

Wir empfehlen als Beilage: Kartoffelknödel und Blaukraut.

Tipp! **Schlemmer-Kochkurse**

Die regelmäßigen Schlemmer-Kochkurse von Florian Lechner und Michael Günster kommen bei den Teilnehmern bestens an. Besonders gut ist die Stimmung am Abend, wenn die etwa zehn Teilnehmer ihre Eigenkreationen bei einem mehrgängigen Menü verzehren, auf Wunsch sogar mit eigenen mitgebrachten Gästen. Der Kochkurs kostet inklusive Abend-Menü ca. 110 € pro Person, das Menü für etwaige Abendgäste ca. 45 €. Außerdem veranstaltet das Moarwirt-Team von Zeit zu Zeit Resterlessen und Küchenpartys.

Aktivität	Radtour
Fahrzeit	3 Std.
Höhenmeter	250
Strecke	44 km

Route Schäftlarn → Puppling → Ascholding → Humbach → Hechenberg → Forellenhof → Bad Tölz

Anfahrt

ÖVM S 7 Richtung Wolfratshausen Bahnhof Hohenschäftlarn, Rückfahrt mit der BOB von Bad Tölz nach München

Auto Mit dem Auto ist diese Streckentour nicht sinnvoll; alternativ parkt man direkt in Hechenberg und erkundet das radfreundliche Gelände in einer Rundtour um den Kirchsee und Dietramszell.

Navigation N 47.991027°, E 11.457002°

Charakter Nach schneller Abfahrt von Schäftlarn in das Isartal folgt eine gemütliche Flachetappe durch die Pupplinger Au. Das Streckenprofil zwischen Ascholding und Bad Tölz ist hingegen recht hügelig und erfordert bei mehreren kleinen Anstiegen etwas Kondition.

Wegweiser Die Pupplinger Au und Ascholding sind beschildert, im Tölzer Land folgt man teils den Straßen- und zuletzt den Radschildern nach Bad Tölz.

Karte ADFC-RK München / Alpenvorland

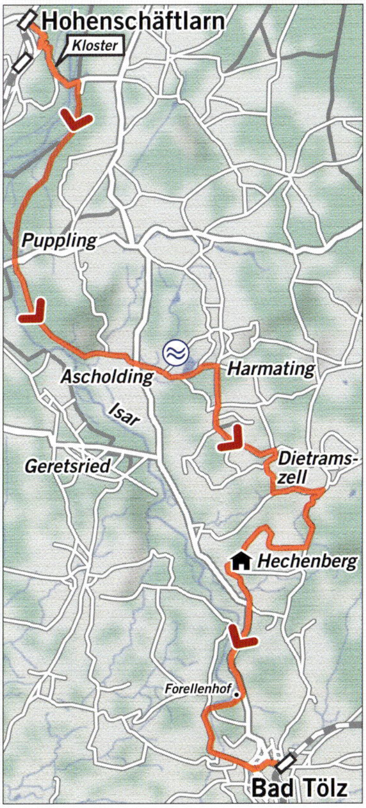

Aktivität: Wanderung | Gastronomie: gehoben, abends Gourmet

Hoher Grad an Kochkunst

Spaziergang bei Rottach-Egern

Dieter Maiwert ist im Tegernseer Tal zu einer unverrückbaren Größe avanciert. Zwar verwöhnt der Spitzenkoch seine Gäste heute nicht mehr auf der luftigen Fährhütten-Terrasse in der malerischen Ringsee-Bucht mit Variationen vom Tegernseer Saibling oder anderen erlesenen Speisen. Doch durch den Umzug in die ruhige Rottacher Ulrich-Stöckl-Straße haben weder die hervorragende Küche noch der unverwechselbare Humor des Gastgebers Schaden genommen. Und ein Hauch von Seeluft ist ja immer noch zu vernehmen – der Tegernsee ist schließlich nur 300 Meter Luftlinie vom Restaurant entfernt. „Der Arzt hat mir Seeluft statt Bergluft verschrieben", hatte Dieter Maiwert nach seinem Umzug 2005 vom Bad Wiesseer Sonnenbichl zur Fährhütte gewitzelt.

In Rottach kann man auch in den Ausflugdampfer umsteigen.

Sinfonie in Blau am Tegernseeufer auf dem Weg Richtung Rottach-Egerner Zentrum

Aktivität	Wanderung
Gehzeit	2 ½ Std.
Strecke	10 km

Route Schorn → Rottach-Egern (Zentrum) → Wolfsgrub → Wallbergbahn → Weißach → Schorn

Anfahrt

ÖVM Mit der Bayerischen Oberlandbahn (BOB) von München nach Tegernsee, Anschluss RVO-Bus nach Rottach-Egern

Auto A 8 Ausfahrt Holzkirchen, B 318 über Bad Wiessee nach Rottach-Egern, Parkplatz am Weißachdamm

Navigation N 47.69483°, E 11.742733°

Charakter Die einfache Rundwanderung verläuft überwiegend am Ufer von Tegernsee, Rottach und Weißach. Eine kleinere Steigung ist lediglich beim Abstecher zur Wallbergbahn zu bewältigen. Bekieste Fußwege und kleine Teerstraßen wechseln sich ab.

Karte Kompass-WK 8 Tegernsee, 1:50.000

Wanderung rund um Rottach-Egern

Drei Stationen am Tegernsee in sieben Jahren – da könnten fast Heimatgefühle aufkommen! In dieser Zeit hat der ambitionierte Küchen-Patron viele Stammgäste gewonnen, die einem Tapetenwechsel gerne Folge leisten, sofern er nicht nach München führt. Grund genug, dem Tegernseer Tal erst einmal ein Weilchen treu zu bleiben!

Vom Wanderparkplatz führt ein kurzweiliger Spaziergang an der Seepromenade entlang. Zunächst passiert der Schorner Strandweg schöne Badestellen am Tegernseer Südufer, dann mündet der Weg in die Ganghoferstraße, die später in die Überfahrt- und Seestraße übergeht. An der Nördlichen Hauptstraße halten wir uns wenige Meter rechts, um abermals rechts in die Ulrich-Stöckl-Straße zu Maiwerts Restaurant abzubiegen. An der zweiten Bachbrücke halten wir uns rechts und gelangen auf dem Hafelbachweg zur Valepper Straße; hier ein kurzes Stück nach links, dann wandern wir auf der Wolfsgrubstraße stets geradeaus, bevor am Straßenende der Wanderweg zur Wallbergbahn beginnt. Hinter dem Alpenwildpark folgen wir dem Wegweiser in Richtung Gasthof Glasl und erreichen auf Kapellenweg und Hofbauernstraße das Weißachufer. Auf dem Weißachdamm gelangen wir wieder zum Ausgangsort.

Gourmetlokal mit Vinothek

Auch ohne Seeblick sitzt man auf der Südterrasse angenehm ruhig und kann das

Zu Beginn ein Sashimi vom Thunfisch mit Wildkräutersalat …

… und zum Abschluss Pfirsich im Himbeer-Blutorangenmantel mit Schokoladenmus

hervorragende Essen in vollen Zügen genießen. Obwohl mittags gourmetmäßig noch nicht aus dem Vollen geschöpft wird, machen optisch überaus reizvolle und geschmacklich verfeinerte Vorspeisen wie Sashimi vom Thunfisch mit Wildkräutersalat Lust auf mehr. Das Wiener Backhähnchen ist zwar auf österreichische Art zubereitet, das saftige Fleisch stammt jedoch von einer französischen Geflügelzucht und zergeht entsprechend auf der Zunge. Ein Hochgenuss ist auch die geschmorte Lammschulter, die mit einem feinen Gemüsepotpourri serviert wird. Bevor der Pfirsich im Himbeer-Blutorangenmantel das delikate Menü abrundet, dringen noch amüsante Wortfetzen zweier betuchter Rottacher Damen zu uns herüber, die sich am Nachbartisch zwischen Einkaufsbummel und Friseurtermin ernsthaft um ihre ach so wohlverdiente Erholung sorgen.

Dieter Maiwert würde sich über seine Gäste niemals lustig machen, er lebt seinen Humor lieber auf andere Art aus, gerne in Form von „literarischen Spitzen" in Magazin-Kolumnen. Da mokiert er sich schon mal über sogenannte Qualitätsprodukte wie in Brackwasser aufgezogene vietnamesische Garnelen, die nur bis zum gewünschten Wachstum überleben dürfen und nach dem Garen dementsprechend mehlig schmecken. Als König unter den „Kloaken- und Latrinenfischen" bezeichnet er übrigens den Pangasius: Wie gut, dass der marinierte Spargel und das Himbeercoulis in Maiwerts Restaurant mit einem standesgemäßen Seeteufel-Saiblingscarpaccio auf den Teller kommen!

Wer sich vor allem am Wochenende abends einen der Tische im Gourmetlokal sichern will, muss einige Tage im Voraus reservieren. Dann läuft die Maiwertsche Küche zur Hochform auf, das Fünf-Gänge-Menü für 78 Euro wird mit oder ohne Weinbegleitung in bester Erinnerung bleiben. Alternativ kann man auf einen Gang verzichten oder auch À-la-Carte bestellen. Die Galerie an Auszeichnungen, die Dieter Maiwert regelmäßig einheimst, kann sich sehen lassen: 15 Punkte im Gault Millau, 7 Pfannen im kulinarischen Reiseführer Gusto, 2 ½ F im Der Feinschmecker, 4 Kochmützen im Der Große Restaurant Guide von Bertelsmann, dazu eine Empfehlung in Varta in Tipp-Küche. Zwar ist der

Maiwerts Restaurant 🏠

Inhaber und Küchenchef Dieter Maiwert

Adresse Ulrich-Stöckl-Str. 10, 83700 Rottach-Egern

Telefon 08022-662240

Mail info@maiwerts.de

Web www.maiwerts.de

geöffnet Mi.–So. 12–14.30 und 18.–21.30 Uhr, Mo. / Di. Ruhetag

Schmankerltipp Sashimi vom Thunfisch mit Wildkräutersalat (16 €), geschmorte Lammschulter mit Gemüsepotpourri (17 €; jeweils Mittagskarte), Rehrücken in Birnen-Wacholdersoße mit Erbsenpüree und Schupfnudeln (32 €), Pfirsich im Himbeer-Blutorangenmantel mit Schokoladenmus (12 €); Fünf-Gang-Menü ca. 78 €

Geschmorte Lammschulter mit Gemüsepotpourri, dazu ein Glas Fabelhaft Douro, Niepoort, Portugal, in der Vinothek serviert

begehrte Michelin-Stern auf dem Weg von Wolfratshausen in den Süden an irgendeiner Astgabel hängen geblieben, aber wer weiß, vielleicht funkelt er ja eines Tages wieder über dem Tegernseer Nachthimmel! Und auch ohne Stern darf sich Dieter Maiwert dank seinem „hohen Grad an Kochkunst, Kreativität und Qualität" als drittbester Koch im Landkreis Bad Tölz und Miesbach betrachten.

Falls im Gourmet-Restaurant kein Platz mehr ist oder falls einem zu einem guten Glas Wein ein kleineres Essen genügt, ist man übrigens in der Vinothek bestens aufgehoben.

Rückweg über den Weißachdamm

Wer nach der Einkehr noch Lust auf ein wenig Bewegung hat, spaziert von Maiwerts Restaurant zur Nördlichen Hauptstraße zurück, hält sich hier links und biegt an der Rottachbrücke rechts in den Rottach-Dammweg. An der zweiten Bachbrücke halten wir uns rechts und gelangen auf dem Hafelbachweg zur Valepper Straße; hier ein kurzes Stück nach links, dann wandern wir auf der Wolfsgrubstraße stets geradeaus, bevor am Straßenende der Wanderweg zur Wallbergalm beginnt. Hinter dem Alpenwildpark folgen wir dem Wegweiser in Richtung Rottach und erreichen auf Trinisstraße, Kapellenweg und Hofbauernstraße das Weißachufer. Auf dem Weißachdamm gelangen wir wieder zum Ausgangsort zurück.

Impressum

frischluft | edition
Verlag GbR
Raiffeisenstraße 2
D-83629 Neukirchen bei Weyarn

Telefon +49/8020/9045-42
Telefax +49/8020/9045-43
E-Mail info@frischluftedition.de
Internet www.frischluftedition.de

Autor Michael Reimer
Grafikdesign Katrin Susanne Baur
Druck/Repro Lanadruck GmbH

Bildnachweis

Katrin Susanne Baur: 10(2),11,116r,129,131

Michael Reimer: U1(4),U4(2),2(4),6/7(4),8,12,14,16(2), 17,18,19,21,22,24,25,26(2),27,28,30(2),31(2),32,33, 34,35,36,37,38,39,40,41,42,43,44/45,46(2),47(2),48, 49,50,51,52(2),53,54,55,56,57,58/59,60,61,62/63(2), 64,65l,68,69,70,71,72,73,74,75(2),76(2),77,78,79,80, 81,82,83,84,85,86o,87,88(2),91(2),92,93,94,95(2), 96(2),97,98ol,100,102u,104,106,107,108u,109,110, 111,112,114,115,116(2),118,121,122,123,124,125, 126(2),128/129,130,132,133,135,138,139,140,142/ 143(2),144,146,147(2),148,149,152,153,154(2),155u

Sonstige: Bauernhofcafé Hennerer: 15(2); Berggasthof Neureuth: 20(2); Forsthaus Kasten: 65r,66(2),67(2); Skischule Beuerberg: 86u; Gasthaus Schönmühl: 98(2); Schützenhaus: 102o; Sonnenhof: 108(2); Altes Bad: 113(2); Ostiner Stuben: 120(2); Gasthaus Kreuzmair: 127; Brauereigasthof Aying: 134; Berghotel Aschbach: 136(2); Moarwirt: 143,150(2),151; L'Estragon: 147o; Maiwerts Restaurant: 155o

ISBN 978-3-9814605-2-0

Tourentipps für das ganze Jahr!

OBERBAYERN | ALLGÄU | TIROL

- Blütenzauber von Frühjahr bis Herbst
- Vom einfachen Moosspaziergang bis zur alpinen Bergwanderung
- Mit vielen schönen Farbbildern

Die schönsten Blüten-Wanderungen in Oberbayern

1. Auflage März 2011, 160 Seiten, 165 x 235 mm, ISBN 978-3-9812991-5-1

nur 19,90 EUR

OBERBAYERN

IDEAL MIT KINDERN!

- Stille Wege am Wasser
- Ideal mit Kindern
- Mit 32 Tourenkärtchen

Oberbayern für Naturliebhaber

1. Auflage August 2009, 160 Seiten, 165 x 235 mm, ISBN 978-3-9810890-8-0

nur 19,90 EUR

OBERBAYERN | ALLGÄU

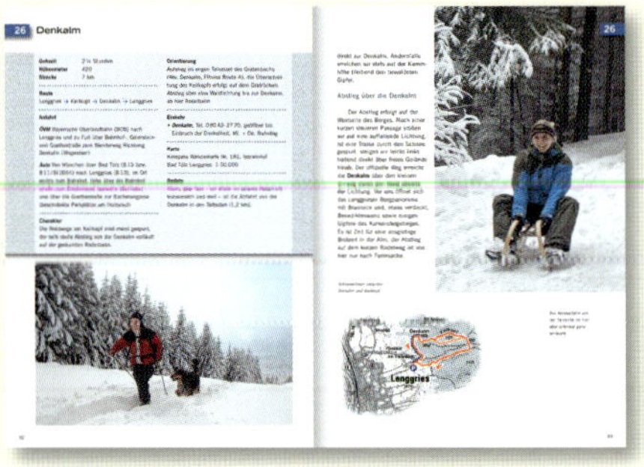

- 50 Genießer-Touren kombiniert mit exklusiven Wellness- und Einkehradressen
- Mit 12 Langlauf-Loipen
- Mit Schneeschuh- und Rodeltipps

Winter-Wandern-Wohlfühlen

1. Auflage November 2010, 160 Seiten, 165 x 235 mm, ISBN 978-3-9812991-3-7

nur 19,90 EUR

www.frischluftedition.de